BELGIQUE ACTUELLE

AU POINT DE VUE

COMMERCIAL, COLONIAL & MILITAIRE

PROGRAMME DE POLITIQUE NATIONALE

Recestat pignore pro patria
quam annuam pace public
(Annale historique des établissements
en Belgique 16795 »

Troisième édition augmentée

BRUXELLES

LIBRAIRIE EUROPÉENNE C. MUQUARDT

TH. FALK, EDITEUR

LIBRAIRE DE LA COUR ET DE S. A. R. LE COMTE DE FLANDRE

MÊME MAISON A LEIPZIG

1880

LA
BELGIQUE ACTUELLE

AU POINT DE VUE

COMMERCIAL, COLONIAL & MILITAIRE

PROGRAMME DE POLITIQUE NATIONALE

Præstat pugnare pro patria
quam simulata pace decipi.
*(Monnaie historique des États-Généraux
de Belgique — 1579.)*

Troisième édition augmentée

PRIX : FR. 1-50

BRUXELLES
LIBRAIRIE EUROPÉENNE C. MUQUARDT
TH. FALK, ÉDITEUR
LIBRAIRE DE LA COUR ET DE S. A. R. LE COMTE DE FLANDRE
MÊME MAISON A LEIPZIG
1889

INTRODUCTION

A des époques diverses, les Belges ont tenu parmi les peuples commerçants et manufacturiers, maritimes et militaires, un rang distingué.

Leur entrée dans l'histoire fut héroïque. Peu de nations eurent un début aussi glorieux. Huit années de luttes à outrance contre l'empire romain et son plus illustre homme de guerre attestent ce qu'il y avait de bravoure, de patriotisme et d'indomptable énergie au cœur des Belges de ce temps-là.

Quand les grandes invasions sont terminées, que le sol de l'Europe s'est politiquement raffermi, dès la fin du haut moyen âge, les populations de la Flandre, du Brabant, du pays de Liège et du Hainaut, se placent à la tête du mouvement commercial, industriel et maritime de leur temps. Du même coup elles préludent aux conquêtes politiques qui firent la puissance et la splendeur des communes belges. La Flandre était alors ce que l'Angleterre est aujourd'hui. Le dictionnaire maritime emprunte ses termes au flamand, et c'est dans cette langue que sont rédigés les plus anciens guides nautiques. Un Flamand illustre,

Mercator, trace la première carte hydrologique, et son collaborateur Ortélius compose le premier atlas de géographie. L'un et l'autre placent la Belgique au rang le plus élevé des nations où les sciences géographiques sont en honneur.

La valeur militaire des Belges se maintient à côté d'une activité économique sans exemple à cette époque.

Par son audace, sa bravoure, son abnégation, la noblesse belge s'illustre entre toutes aux Croisades; et nos communiers, dans les rudes combats livrés à leurs oppresseurs, se montrent les dignes descendants des compagnons de Boduognat et d'Ambiorix.

Quand l'excès de prospérité matérielle, les dissensions civiles et religieuses, l'incapacité de s'élever à la conception de l'unité nationale, à l'heure où le cadre trop étroit de la commune et de la province ne suffit plus à l'expansion des peuples modernes, eurent compromis cette haute situation, les commerçants et les marins belges, pour se soustraire au poids écrasant des dominations étrangères, émigrent en Angleterre et en Hollande, et s'y montrent encore des initiateurs, des maîtres. Nos soldats se battent pour l'étranger, mais s'ils ne servent plus leur pays, ils lui font au moins honneur par leur vaillance et leurs talents militaires.

Pendant les xve et xvie siècles, les Belges forment la plus redoutable cavalerie de l'époque, connue sous le nom de *bandes d'ordonnance*. Sous Philippe II et au commencement du xviie siècle, *l'infanterie wallonne* au service de l'Espagne est sans rivale en Europe (1). Elle s'illustre dans la guerre de Trente ans, sous les

---

(1) Au moment où le duc d'Albe quitta la Belgique, son armée comptait vingt mille Wallons, et à la fin du xviie siècle, l'armée espagnole avait vingt-quatre régiments wallons et quatre-vingts escadrons levés en Belgique.

ordres de nos compatriotes, les généraux Buquoy, Mansfeldt, Tilly et Jean de Werth. Plus tard, les *régiments nationaux belges* occupent le premier rang dans l'armée autrichienne.

Que reste-t-il de tout cela?

La Belgique indépendante a-t-elle conservé, dans le domaine des arts de la paix comme dans celui des arts de la guerre, le prestige et la renommée qu'avaient acquis nos aïeux aux bons ainsi qu'aux mauvais jours de notre histoire?

C'est la question à laquelle nous essayerons de répondre.

SITUATION COMMERCIALE ET MARITIME

I

Durant les XIVe, XVe et une moitié du XVIe siècle, le négoce dans les provinces flamandes avait pris un développement que leur enviaient les grandes puissances voisines. Bruges et Ypres se trouvaient à la tête de la Hanse, dont faisaient partie dix-sept villes belges, et les ports de Damme et d'Anvers étaient visités par les navires du monde entier. Des négociants flamands trafiquaient dans tous les ports de la Méditerranée, de la mer du Nord et de la Baltique, et y entretenaient un commerce important avec la mère patrie (1). « En quelles mers inconnues, dit Strada, les Flamands ne sont-ils pas entrés par la navigation? Leurs draps et leurs toiles ne remplissent pas seulement l'Europe, mais l'Asie et l'Afrique. » Vers 1550, le mouvement d'entrée et de sortie du port d'Anvers s'élevait à trois cents bâtiments par jour. Il y avait souvent dans l'Escaut deux mille cinq cents navires qui attendaient leur tour de déchargement (2). A cette

(1) Altmeyer. — *Histoire des relations commerciales des Pays-Bas avec le nord de l'Europe.*

(2) Henne. — *Histoire du règne de Charles-Quint.*

même date, les manufactures belges atteignent annuellement un produit moyen de quarante millions de florins d'or, somme énorme, eu égard à la valeur de l'argent (1).

Outre leur marine marchande, les Belges entretenaient des navires de guerre pour la protection de la pêche et des intérêts commerciaux. « Ceux de Bruges et du Franc, dit un document de l'époque (2), avaient le gouvernement, conduite et superintendance de ces vaisseaux pour les faire équiper, avitailler et pour payer les soudoyers (3). »

En 1422, la Hanse put rassembler deux cent quarante navires et douze mille hommes pour combattre le roi de Suède, et, un demi-siècle après, elle déclara la guerre aux Anglais, se saisit de leurs vaisseaux sur toutes les mers et fit plusieurs descentes sur leurs côtes.

Sous Charles-Quint, en 1535, la marine militaire belge prit part au siège de Tunis.

Après ce grand règne, la situation changea complètement et le commerce déclina avec une étonnante rapidité. Déjà, depuis un siècle, il s'était retiré des villes de Bruges, Damme et l'Ecluse, par suite de l'ensablement du Zwyn. Les Portugais, en doublant le Cap de Bonne-Espérance, firent perdre aux Génois et aux Vénitiens le monopole du commerce avec l'Orient, ce qui entraîna la chute de leur négoce et causa un grand préjudice aux Brugeois, qui étaient leurs principaux facteurs. « Bien que la prospérité de nos opulentes communes eût déjà reçu de profondes atteintes sous le gouvernement des derniers princes

(1) Ernest Van Bruyssel. — *Patria Belgica.*
(2) *Instruction pour le Comté de Gavre,* du 7 octobre 1523.
(3) Levae. — *Commerce des Belges aux Indes.*

bourguignons, il semblait, à voir notre richesse industrielle, notre expérience maritime, l'extension de notre commerce et l'éclat de nos études géographiques, que nous fussions mûrs pour participer au mouvement des grandes découvertes inaugurées par les Colomb, les Vasco et les Magellan. Mais alors éclate la révolution religieuse du XVIᵉ siècle et se produit la scission de nos dix-sept provinces. La Hollande hérite de toutes nos perspectives maritimes et commerciales et va jouer un rôle glorieux dans la conquête géographique du globe, tandis que la Belgique, appauvrie et mutilée, commence sa grande décadence sous le joug politique et religieux de l'Espagne. Désormais nos émigrations ne sont plus l'exubérance d'un peuple libre et prospère qui se sent à l'étroit dans ses limites territoriales et qui cherche de nouveaux débouchés aux produits de son industrie, mais le lamentable exode d'une nation qui voit fuir, par toutes les issues, le plus clair de son or, de son intelligence et de son sang. Pendant un quart de siècle, les pays voisins se peuplent de nos proscrits (1). »

Vers la fin du XVIᵉ siècle, la situation du pays est navrante. Les ateliers sont fermés, les entrepôts sont vides, les villes sont dépeuplées, la misère règne à Anvers ainsi qu'à Bruges. Les embouchures de l'Escaut sont entre les mains des ennemis de l'Espagne, qui bloquent l'entrée du fleuve. Les éléments les plus vivaces, les plus énergiques de la population belge ont été éliminés par la guerre et par l'émigration. Le mouvement commercial se porte vers le Nord et va enrichir la Hollande.

(1) Comte Goblet d'Alviella. — *Patria Belgica.*

Le funeste traité de Munster porta le dernier coup au commerce et à l'industrie belges. Il provoqua la désertion des négociants d'Anvers et amena un déclin tel que « pendant toute la durée du xviie siècle, la plupart des fabriques belges n'eussent pu fournir ensemble la charge d'un grand navire (1). »

Les traditions du commerce maritime et l'esprit d'entreprise s'éteignirent si complètement que « dans la Flandre elle-même, où ce commerce avait été si florissant, on n'eût pu trouver un seul armateur pour tenter un voyage au long cours (2). » Lorsque, en 1716, le marquis de Prié vint en Belgique pour soutenir les efforts des nationaux et des étrangers en faveur du commerce et leur procurer de nouveaux débouchés, il ne trouva personne qui pût l'aider et dut inviter un négociant d'Amsterdam, le baron Cloots, à s'établir à Anvers, pour seconder ses vues. Ainsi fut créée, en 1723, la célèbre *Compagnie d'Ostende*, appelée à ouvrir un commerce suivi avec l'Extrême Orient et particulièrement avec la Chine. Les Belges y prirent une faible part. Armateurs, négociants, capitaines de navire et matelots étaient presque tous étrangers.

Les rapides et brillants succès de la Compagnie excitèrent à ce point la jalousie de l'Angleterre, de la Hollande, de la France, de la Prusse, du Danemark et de la Suède que ces États s'adressèrent à l'Empereur pour en réclamer la suppression. Leurs démarches aboutirent en 1727 à un décret de suspension provisoire, qui entraîna bientôt la suspension définitive. Tout alors fut fini pour le

(1) Levae.
(2) Levae.

commerce belge. En 1770, il n'y avait plus en Belgique, au témoignage de Romberg, « ni navigation intérieure, ni fret, ni transport par bateaux. »

Les bouleversements politiques que provoqua la révolution française modifièrent cette situation et firent entrevoir un avenir meilleur.

L'Escaut, ouvert une première fois en 1792, puis refermé de nouveau par les Autrichiens, fut définitivement livré au commerce en 1795. La Belgique eût plus largement profité de ce bienfait si, en 1806, Napoléon n'avait décrété le funeste blocus continental. Ce souverain voulait faire d'Anvers un grand port militaire et une importante ville de commerce, mais il fut empêché de réaliser ce dessein par le cours ininterrompu de ses guerres et la persistante hostilité de l'Angleterre.

La constitution du royaume des Pays-Bas ouvrit aux Belges les débouchés de la Hollande, et leur assura le concours de sa marine marchande avec l'appui de sa marine militaire. Grâce à ces éléments précieux et à la création de la *Handelsmaatschappij*, l'industrie cotonnière de Gand et le commerce d'Anvers se relevèrent et les établissements industriels du Phénix et de Cockerill acquirent une grande renommée.

Mais cette union, si pleine de promesses, de la Belgique industrielle et de la Hollande maritime fut de trop courte durée pour refaire l'éducation commerciale des Belges. L'esprit d'entreprise et l'intelligence des grandes affaires étaient encore si peu développés chez eux en 1828, que plusieurs de leurs députés aux États-Généraux demandèrent que la Hollande renonçât à ses colonies, qui ont rendu tant de services à ses finances et à son commerce et dont la possession est un des principaux ressorts de sa vie nationale.

Le premier Roi des Belges, qu'un long séjour en Angleterre et des relations suivies avec les hommes d'État de ce pays avaient initié aux grandes questions économiques, fut frappé en arrivant chez nous de notre infériorité commerciale et des vues étroites de nos législateurs. Il s'appliqua à modifier cette situation, qui était de nature à enrayer tout progrès dans l'ordre matériel. En vertu de l'axiome anglais que « le trafic suit le pavillon, » il commença par créer une petite marine militaire, pour servir de véhicule à la marine marchande, qui nous faisait complètement défaut. Il songea ensuite à procurer au commerce et à l'industrie des débouchés européens et transatlantiques en remplacement de ceux que notre séparation d'avec la Hollande nous avait fait perdre. Mais loin d'être soutenu et encouragé dans la réalisation de ces vues par ses ministres, par la Législature et par la presse, il fut combattu, entravé, livré à lui-même. La nation avait les idées les plus fausses sur les questions que le Roi cherchait à résoudre. Il n'est pas nécessaire, disait-on, d'avoir une marine marchande pour exporter les produits de l'industrie nationale, ni de créer des débouchés lointains quand on vient acheter ces produits aux lieux de provenance et que les navires des autres nations se chargent de les transporter aux lieux de consommation.

Le Roi, heureusement, ne fut pas influencé par ces clameurs de l'ignorance et de la routine. L'histoire des tentatives qu'il fit pour créer des comptoirs, des factoreries et des établissements coloniaux, n'est pas connue et ne le sera peut-être jamais, parce qu'il agissait en dehors de ses ministres, ne demandait rien à personne et supportait seul les dépenses des explorations, des voyages et des missions qu'il organisait. La dernière entreprise de l'espèce fut l'exploration que firent aux Nouvelles-Hébrides et aux îles Salomon MM. Michel et Jules Eloin, sous la conduite de l'Américain Byrne.

En 1841, il se forma, avec l'appui du Roi, une société anonyme pour créer des établissements coloniaux dans l'Amérique centrale et ouvrir des relations commerciales entre cette contrée et la Belgique. Son premier établissement fut créé à Santo-Toma, où vinrent s'établir un millier d'émigrants belges. L'entreprise échoua parce qu'elle ne reçut aucune assistance du Gouvernement ni du pays et que les hommes qui en avaient pris la direction manquaient d'expérience et de ténacité.

En 1844, une tentative du même genre fut faite par une *Compagnie Belge-Américaine de Colonisation*, qui avait obtenu une concession de vingt lieues carrées dans la province de Sainte-Catherine. Elle n'eut pas plus de succès que l'autre.

En 1848, la Belgique acquit sur les bords du Rio-Nuñez, à la côte de Guinée, la possession nominale d'un district appartenant à des chefs indigènes. Cette tentative d'établissement commercial, plus sérieuse que les deux précédentes, échoua par la crainte des charges et des complications diplomatiques qui pouvaient, prétendait-on, en résulter pour le pays. Si elle avait réussi, comme le faisaient espérer les premiers résultats obtenus en 1849, nous eussions devancé de trente-cinq ans les Français, les Anglais et les Allemands dans la prise de possession des côtes de l'Afrique occidentale. Mais nous n'étions pas mûrs pour de pareilles entreprises, qui exigent de l'initiative, de larges vues économiques, des efforts et des sacrifices soutenus.

A partir de ce moment l'opinion publique et la presse se montrèrent de plus en plus hostiles à la marine militaire, que le Roi, mieux inspiré, cherchait à maintenir et à étendre, la jugeant indispensable au développement du commerce transatlantique et à la création d'une marine marchande.

L'année 1862 vit disparaître ce qui restait de notre marine militaire. Des officiers brillants, à qui peu d'années avaient suffi pour rendre au pays de grands services et mériter la considération de leurs camarades étrangers, furent obligés de briser leur épée pour accepter des emplois civils. Fort affligé de ce résultat, le Roi disait quelque temps après : « On a cru devoir supprimer la marine militaire, mais on le regrettera. »

Les Belges qui avaient provoqué cette suppression et qui s'en réjouirent, ignoraient sans doute qu'à toutes les époques où notre commerce fut florissant, nous avons eu une marine militaire : du temps de la Hanse, sous Philippe le Bon et sous Charles-Quint. Levae, dans sa remarquable étude sur le *Commerce des Belges aux Indes*, fait observer que le déclin de la marine militaire a toujours marqué la décadence du commerce. « Pendant toute la durée du XVIIe siècle, dit-il, notre commerce maritime fut à peu près nul, parce qu'il n'était pas protégé, qu'il ne jouissait d'aucune sécurité, que les fonds destinés à l'entretien de la marine militaire étaient indignement dilapidés. »

Ce sont des navires de guerre et non des navires marchands qui doublèrent le Cap, découvrirent l'Amérique et indiquèrent au commerce la route des Indes.

Les premiers navires marchands envoyés en Chine
par les négociants d'Ostende, vers 1720, ayant été
rançonnés par les pirates ou capturés par les navires
des compagnies étrangères, les États-Généraux de la
Flandre supplièrent Charles VI de créer une marine
militaire belge, mais l'Empereur trouva plus opportun
de prendre provisoirement le commerce d'Ostende *sous
sa protection particulière*, c'est-à-dire, sous celle de
la marine autrichienne.

On objectera sans doute qu'à notre époque les
navires marchands n'ont plus les mêmes dangers à
courir, ni par conséquent besoin de la même protection. Mais nous verrons plus loin que cette objection
est bien moins fondée qu'on ne le croit.

En 1855, le gouvernement belge jugea nécessaire
de soumettre la question de la marine militaire à
l'examen d'une Commission que présida S. A. R. le
Comte de Flandre (1). Cette Commission se prononça
à l'unanimité moins deux voix (celles de MM. Orts
et Coomans) en faveur du maintien et de l'accroissement de notre marine militaire, la jugeant
nécessaire pour la défense de l'Escaut, la protection
de la pêche et le développement du commerce belge.
Son rapport et ses procès-verbaux furent insérés dans
les *Annales parlementaires*, mais rien ne se fit. La
presse et l'opinion se rangèrent à l'avis de M. Orts,
qui avait dit dans le sein de la Commission : « Pourquoi
la Belgique ne continuerait-elle pas à se servir des
bâtiments des autres pays ? On exporte fort bien sous

(1) Faisaient partie de cette Commission : MM. le comte de Renesse,
sénateur ; Orts, Coomans et Van Iseghem, représentants ; La Hure, directeur
général de la marine ; Soudain de Niederwerth, colonel d'artillerie ; Van
Haverbeke, capitaine-lieutenant de vaisseau ; Guiette, ingénieur maritime,
et Brialmont, capitaine d'état-major.

un pavillon étranger. Ce qu'il faut à l'industrie, ce
sont des transports à bon marché, *le reste est insignifiant.* »

Le reste, c'était, indépendamment de la défense
nationale, la recherche de débouchés nouveaux, la
protection de la pêche et celle du commerce dans les
pays barbares ou à demi civilisés, l'appui moral et
matériel nécessaire aux agents diplomatiques et
consulaires. Tout cela était insignifiant aux yeux de
l'honorable député de Bruxelles, qui, six ans après,
eut la satisfaction de voir ses idées réalisées par la
suppression de la marine militaire.

La Commission avait cependant fait valoir en faveur
de cette marine des arguments irréfutables. Voici en
quels termes ils étaient résumés dans son rapport du
7 février 1856 :

« La marine militaire fera la police des ports
d'Anvers et d'Ostende, surveillera les quarantaines et
préviendra dans les mouillages éloignés la désertion
des matelots, si fréquente aujourd'hui et si nuisible
aux armateurs. La Belgique peut très bien, sans avoir
des colonies, justifier la nécessité de quelques bâtiments de guerre : le besoin de protéger son commerce
dans les pays où la force seule a le pouvoir de se faire
respecter ; la nécessité d'ouvrir de nouveaux débouchés à l'industrie, qui trouve des concurrents de plus
en plus redoutables sur les places européennes ; la
nécessité tout aussi grande de protéger les familles
belges qui émigrent ; le besoin de soutenir dans
certaines circonstances l'autorité de nos agents consulaires et d'accroître leur prestige par l'exhibi-
tion d'une force respectable ; une question d'hu-
manité et de bon ordre qui impose au Gouvernement le devoir de surveiller la pêche ; l'impossibilité

où se trouve notre marine marchande de s'étendre faute de débouchés et d'éléments propres à former de bons équipages ; l'obligation où nous serons peut-être un jour de déporter nos criminels pour obtenir une répression efficace ; l'avantage que trouverait en certains cas le pays à entrer dans une ligue des neutres instituée pour la sécurité du commerce ; enfin l'immense utilité qu'il y aurait à développer le goût des voyages et à former des jeunes gens, non seulement aptes au commerce, mais encore doués de cet esprit d'initiative sans lequel on ne fait rien de grand dans le monde des affaires : voilà plus qu'il n'en faut pour justifier au point de vue des intérêts matériels la création d'une marine militaire nationale. »

S. A. R. le Comte de Flandre avait appuyé ces conclusions dans un discours où il disait :

« L'existence et la bonne organisation d'une marine militaire donneraient au commerce des équipages expérimentés, qui font aujourd'hui complètement défaut, car nos armateurs ne sont que trop souvent forcés d'aller demander des matelots à l'étranger.

» Vous vous souviendrez, Messieurs, que, pendant les seize années qui précédèrent 1848, notre marine militaire a fait pour le commerce treize campagnes dans les Indes et dans la Chine et lui a rendu d'immenses services. »

Le rapporteur de la Commission (capitaine Brialmont) proposa, dans la séance du 25 octobre, de créer des relations avec les contrées non encore exploitées par les négociants des autres pays. « Nous aurions, dit-il, dans quelques-unes de ces contrées, l'avantage du premier occupant. Il en existe encore de très avantageuses à exploiter. La côte d'Afrique est de ce nombre, mais, si nous n'y prenons garde, *nous y serons bientôt devancés par la Prusse et par l'Allemagne, qui commencent à sentir vivement la nécessité de créer des débouchés nouveaux* (1). Ce besoin est une conséquence du développement énorme que prend la fabrication dans tous les pays. Ceux qui n'auront pas assez d'intelligence et d'initiative pour se créer à temps des moyens d'exportation, seront débordés et finiront par éprouver des crises mortelles pour leur industrie. »

Aux Belges qui persistent à nier l'utilité d'une marine militaire pour le développement du commerce avec certains pays nous rappellerons quelques faits caractéristiques :

Notre consul à Lima écrivait en 1847 : « L'apparition du brick *Duc de Brabant*, à Callao, a produit dans le public péruvien et dans l'esprit des membres du Gouvernement un effet très favorable à la Belgique, cet appareil de force matérielle ajoutant ici beaucoup à la considération que l'on accorde aux États européens dont le pavillon se fait voir fréquemment. »

Les mêmes effets furent constatés par nos consuls de Valparaiso, de Buenos-Ayres, de Bahia et de Rio-Janeiro.

Les diplomates et les consuls belges accrédités dans les pays d'Asie, d'Afrique et dans les deux Amériques s'expriment encore aujourd'hui invariablement dans le même sens.

En 1849, la présence de la *Louise-Marie* dans le Rio-Nunez provoqua un courant d'affaires de 1 million et demi de francs, beau résultat pour un début.

En 1861, les négociants d'Amsterdam, de Rotterdam, de Dordrecht et de Middelbourg adressèrent à leur

---

(1) Ces prévisions se sont réalisées trente ans après.

Gouvernement un mémoire où ils disaient : « Les commerçants néerlandais se trouvent dans une position d'infériorité par rapport aux sujets des autres puissances étrangères, qui sont toujours appuyés par la présence d'une certaine force navale.... *Le gouvernement de tout pays civilisé est obligé de donner à ses sujets l'appui d'une protection matérielle suffisante, pour qu'ils puissent continuer paisiblement leur commerce légal*, et les signataires voient avec regret qu'on a retiré les bâtiments de la marine royale stationnés dans les eaux du Japon. »

A la même époque, le secrétaire d'État de la marine des États-Unis s'exprimait ainsi dans un rapport adressé au Sénat :

« Le Ministre propose de faire construire un grand nombre de petites corvettes et d'avisos à vapeur, qui auront l'avantage de permettre de multiplier les *stations navales, si nécessaires pour la protection du commerce américain.* »

Cette nécessité a été reconnue aussi dans un mémoire adressé au Parlement par le gouvernement prussien. « Il n'est pas digne, disait-il, de la position politique de la Prusse et du Zollverein de recourir constamment à la protection des flottes et des agents diplomatiques et consulaires des nations étrangères... Ce n'est que lorsque les relations commerciales de la Prusse seront placées sous la protection reconnue de son propre pavillon, que ces relations pourront devenir l'objet de vastes et utiles spéculations, et que ces marchés nous seront régulièrement assurés. »

Il y a vingt-huit ans, un économiste belge attaqua, sous le pseudonyme de Victor Van Damme (1), une

---

(1) *De l'inopportunité de la création d'une marine militaire pour stimuler et protéger le commerce extérieur de la Belgique.* — Bruxelles, 1860.

étude écrite sous l'inspiration du Roi actuel et qui a pour titre : *Complément de l'œuvre de* 1830. L'auteur de cette étude avait dit : « Il est temps de créer des débouchés lointains pour remplacer les marchés européens qui se rétréciront peu à peu ; temps de réparer la perte des colonies que nous exploitions avant 1830, sous la protection de la marine hollandaise. » Et pour atteindre ce but, il proposa, entre autres moyens, « la création de quatre corvettes et de trois bricks, à l'effet d'établir quatre stations navales sur la côte d'Afrique, en Chine, dans l'Océanie et sur la côte occidentale de l'Amérique. »

Victor Van Damme prétendit que la création de cette marine « serait une plaie nouvelle et incurable infligée à notre situation financière.

» En fait de progrès commerciaux, dit-il, les baïonnettes ont fait leur temps, et c'est à la liberté seule qu'il appartient désormais de couronner l'œuvre des siècles et celle de 1830. »

Si ce raisonnement était fondé, comment expliquerait-on que la Hollande, le Portugal, le Danemark, l'Espagne, la Suède, la Grèce, toutes les puissances grandes et moyennes, dont le commerce prospère, établissent des stations navales dans les mers où leurs intérêts sont engagés ?

N'y a-t-il pas partout des nationaux à encourager, à protéger, des agents extérieurs à appuyer, des droits publics ou privés à soutenir, des violences à prévenir, des abus à écarter ?

Il y a quelques semaines, on arrêtait comme suspect de faire la traite des nègres, un navire battant pavillon belge, frété pour le compte du Roi et transportant des hommes enrôlés librement, à terme fixe, pour l'État du Congo, à Zanzibar, sous les yeux des agents consulaires de l'Europe. Croit-on qu'on aurait osé nous infliger un pareil affront et violer à ce point le traité qui règle le droit de visite, s'il y avait eu un croiseur belge sur la côte orientale de l'Afrique?

Le Roi est si convaincu de la nécessité de protéger tout commerce lointain, qu'un de ses premiers soins, en qualité de souverain de l'État libre du Congo, a été de commander, en Angleterre et en Belgique, un certain nombre de petits navires armés de canons à tir rapide.

La Commission de la marine réunie en 1855 demandait pour la protection du commerce et pour la défense de l'Escaut :

Quatre corvettes à hélice armées de dix obusiers et de deux pièces longues de trente livres;

Cinq goëlettes mixtes à hélice portant chacune six canons-obusiers de trente livres, et

Six canonnières à hélice et à faible tirant d'eau, pour la défense de l'Escaut, portant chacune deux obusiers de vingt-deux centimètres.

Les canonnières devraient aujourd'hui être remplacées pour la défense de l'Escaut par des torpilleurs et, pour la défense des polders inondés, par des chaloupes-canonnières portant des canons à tir rapide.

Les torpilleurs empêcheraient les navires de guerre de remonter l'Escaut jusqu'à Anvers et les chaloupes-canonnières surveilleraient le fleuve, éclaireraient les abords de chaque poste, maintiendraient la liaison entre les postes des digues et entre ceux-ci et la place, combattraient les petites embarcations qui s'avanceraient par les polders inondés pour rompre ou occuper les digues, transporteraient des vivres aux défenseurs des postes avancés, amèneraient sur les lieux des matériaux propres à construire des barrages dans le fleuve, écarteraient de ceux-ci les chaloupes qui chercheraient à les détruire ou à les désorganiser, jetteraient des troupes sur les points menacés des digues de l'Escaut et des digues intérieures, etc.

Pour obtenir ces divers résultats, il serait nécessaire que la flottille de l'Escaut se composât d'une dizaine de torpilleurs et d'autant de chaloupes-canonnières.

La défense du fleuve et de la zone maritime étant ainsi assurée, il resterait à pourvoir aux services extérieurs de la marine : stations navales, croisières, voyages d'instruction, surveillance de la pêche, etc. On construirait à cet effet six avisos et deux croiseurs. Le prix d'acquisition de ces bâtiments et le budget qu'exigerait une marine réduite à ces proportions modestes mais suffisantes sont indiqués dans l'annexe n° 1.

Les sacrifices que le pays aurait à faire de ce chef ne seraient pas de nature à troubler sa situation financière. En y souscrivant, il acquerrait sur l'Océan et dans les contrées lointaines une situation qui assurerait le respect de son pavillon et réagirait avantageusement sur ses relations politiques et commerciales.

QUESTION COLONIALE

Léopold II se montra de bonne heure partisan des idées larges et généreuses de son illustre père. A peine âgé de vingt et un ans, il exposa ses vues, dans les termes suivants, au Sénat :

« Une nationalité jeune comme la nôtre doit être hardie, toujours en progrès et confiante en elle-même. Nos ressources sont immenses, et, je ne crains pas de le dire, nous pouvons en tirer un parti incalculable.

» Il suffit d'oser pour réussir. C'est là un des secrets de la puissance et de la splendeur dont jouirent pendant plus d'un siècle nos voisins du Nord. Nous possédons, sans doute, autant d'éléments de succès ; pourquoi nos vues se porteraient-elles moins haut ! (1) »

Ce que voulait déjà alors l'héritier de la Couronne, c'était *l'extension de la Belgique au delà des mers.*

Lorsque longtemps après il s'imposa la tâche de réaliser ce programme, il se trouva en face de la même indifférence et de la même hostilité qui avaient fait avorter les projets de son père. Il fallait donc aviser à des combinaisons nouvelles.

Nos compatriotes se décident difficilement à quitter le pays sans idée de retour. Autrefois

(1) Séance du 29 septembre 1855,

cependant ils émigraient en grand nombre, mais ces exodes furent tantôt la conséquence de calamités publiques, tantôt l'effet d'une vitalité surabondante. Or ces deux stimulants de l'émigration ont cessé d'exister; l'un fort heureusement pour le pays, l'autre fort malheureusement, car, ainsi que le fait observer un auteur national (1), « l'émigration est, dans certaines limites, un contre-poids nécessaire à l'accroissement progressif de la population, en même temps qu'une soupape de sûreté, toujours ouverte aux éléments de turbulence et d'irritation (2). »

Dans ces conditions, le Roi tenta de résoudre le problème de l'extension de la Belgique au dehors d'une manière qui le dispensât de s'adresser à la Législature et de réclamer l'appui financier du pays. Ce sera pour lui un titre de gloire d'avoir mené à bonne fin cette grande et difficile entreprise en y consacrant son intelligence, son activité et sa fortune avec le plus rare désintéressement.

En 1876, le Roi convoqua à Bruxelles une conférence internationale à laquelle prirent part les explorateurs, les géographes et les économistes les plus distingués de l'Allemagne, de l'Angleterre, de l'Autriche, de l'Italie, de la Russie et de la Belgique.

Dans son discours d'ouverture du 14 septembre,

(1) Le comte Goblet d'Alviella.

(2) Aux xıı⁰ et xııı⁰ siècles de nombreuses colonies belges s'établirent en Hongrie et en Transylvanie. Au xv⁰ siècle remonte la première tentative de colonisation maritime des Belges par l'occupation des Açores, qui portèrent autrefois le nom d'*îles des Flamands*.

Dans ce même siècle les Belges repeuplèrent l'île de Palma, du groupe des Canaries; mais ceux qui s'y établirent furent absorbés par les Espagnols comme les Belges établis dans les Açores le furent par les Portugais.

En 1514, une colonie agricole flamande s'établit dans l'île d'Amager, en face de Copenhague. Elle semble y avoir prospéré.

Sa Majesté exposa en ces termes le but qu'Elle avait en vue :

« Ouvrir à la civilisation la seule partie de notre globe où elle n'ait point encore pénétré, percer les ténèbres qui enveloppent des populations entières, c'est, j'ose le dire, une croisade digne de ce siècle de progrès. »

Il ne s'agissait pas seulement de faire pénétrer en Afrique la lumière et la civilisation ; il fallait en outre s'attacher à achever l'exploration scientifique de ce continent, à y répandre les idées et les produits des nations chrétiennes et à poursuivre la suppression de la traite des esclaves.

« Je n'irai pas, dit le Roi, jusqu'à affirmer que je serai insensible à l'honneur qui résulterait pour mon pays de ce qu'un progrès important, dans une question qui marquera dans notre époque, fût daté de Bruxelles. Je serais heureux que Bruxelles devînt en quelque sorte le quartier général de ce mouvement civilisateur. »

La Conférence jeta les bases de l'*Association internationale africaine*, qui devait ouvrir à la civilisation et au commerce le « continent mystérieux ».

Lorsque l'année suivante on apprit la mémorable traversée de ce continent, accomplie par Stanley, le Roi conçut l'idée de faire des découvertes géographiques de l'illustre explorateur le fondement d'une grande conception politique et commerciale. Il compléta à cet effet son œuvre par la constitution du *Comité d'études du Haut-Congo*, qui devait, en partant de la côte occidentale de l'Afrique, coopérer avec les expéditions organisées par l'*Association* du côté de Zanzibar.

Pendant sept ans Sa Majesté supporta à peu près

seule les frais énormes qu'exigèrent ces expéditions parties des deux côtés de l'Afrique et convergeant vers l'intérieur.

« A la fin de 1884, quarante stations, des routes et des steamers ouvraient l'Afrique sur une profondeur de cinq cents lieues et assuraient sur toute cette étendue des communications régulières avec la côte (1). »

De prime abord le sentiment populaire applaudit à l'initiative du Roi. Des comités se formèrent et les souscriptions affluèrent; mais cet élan ne se soutint pas. Une certaine inertie, la crainte excessive de toute entreprise extérieure à grande envergure, la répugnance pour tout ce qui affecte un caractère d'inconnu ou de nouveauté, arrêtèrent bientôt les premiers courants de sympathie. Ces sentiments dominaient surtout la presse et les hommes politiques, qui se montrèrent la plupart incrédules, méfiants, hostiles même, et décidés à ne pas encourager ce que plusieurs appelaient les rêves, les chimères du Roi.

L'armée, au contraire, applaudit à l'entreprise du Souverain et un grand nombre de ses meilleurs officiers s'y donnèrent de corps et d'âme. Grâce à eux et au concours persistant de quelques citoyens dévoués, grâce surtout à la persévérance du fondateur de l'Association et du Comité du Congo, l'œuvre se développa et rencontra bientôt en Europe et dans l'Amérique, à côté de certaines inimitiés ou rivalités inévitables, des appuis solides, des adhésions chaleureuses.

En 1884, l'Association fut reconnue par les États-Unis et par l'Allemagne. La même année s'ouvrit, sur la convocation du gouvernement allemand, une confé-

____

(1) *La Conférence africaine de Berlin*, par E. Banning.

rence dont les travaux aboutirent à la constitution de *l'État libre du Congo.*

Quand ce résultat eût été obtenu, l'un des représentants de l'Allemagne à la conférence s'exprima comme suit :

« Tous nous rendons justice au but élevé de l'œuvre à laquelle S. M. le Roi des Belges a attaché son nom ; tous nous connaissons les efforts et les sacrifices au moyen desquels il l'a conduite au point où elle est aujourd'hui. »

L'ambassadeur anglais appuya ces paroles : « On croyait, disait-il, que l'entreprise était au-dessus des forces du Roi, qu'elle était trop grande pour réussir. On voit maintenant que Sa Majesté avait raison et que l'idée qu'elle poursuit n'était pas une utopie. »

« Le monde entier, ajouta l'ambassadeur de l'Italie, ne peut que témoigner de sa sympathie et de ses encouragements pour cette œuvre civilisatrice et humanitaire qui honore le xixe siècle. »

Le prince de Bismarck s'associa à ces témoignages d'admiration en disant, dans la dernière séance, avant la signature de l'*acte général :*

« Le nouvel État du Congo est appelé à devenir un des principaux gardiens de l'œuvre que nous avons en vue, et je fais des vœux pour son développement prospère et pour l'accomplissement des nobles aspirations de son illustre fondateur. »

Ces manifestations donnaient un bien cruel démenti aux pessimistes qui avaient annoncé que le Roi ne retirerait de ses efforts et de ses sacrifices que les plus amères déceptions ; mais elles ne les convertirent pas. C'est, disaient-ils, un succès personnel dont le pays ne tirera aucun profit. Le bassin du Congo est stérile et inhabitable ; les Européens y succomberont tous. On ne fera jamais rien des nègres ni de leur pays. Au gré de ces censeurs une colonie florissante, des marchés opulents, de riches produits commerçables auraient dû surgir du jour au lendemain de la barbarie africaine. Ce n'est pas ainsi que marche la civilisation ni que procède l'histoire. Dans sa remarquable étude sur le *partage politique de l'Afrique*, M. Banning dit avec raison :

« L'exécution d'une telle œuvre ne s'improvise pas : un siècle n'y sera pas de trop. Mais l'expérience prouve que la tâche est en bonnes mains. Dix ans se sont écoulés depuis la fondation du Comité d'études du Haut-Congo (25 novembre 1878), huit ans depuis la création du premier établissement à Vivi (1er février 1880), trois ans seulement depuis la reconnaissance générale de l'Association internationale. Sur quel point de l'Afrique, dans des conditions analogues, des résultats comparables ont-ils été atteints en un si court laps de temps ?

« .... De telles entreprises, toutefois, ne vont pas sans de rudes épreuves ; des mécomptes partiels se produiront encore, mais un échec total ne se conçoit plus. Trop de forces actives sont à l'œuvre ; trop de pionniers ont mis la main à la tâche. Pour un soldat qui tombe, dix autres se présentent, et plus le martyr est illustre, plus sont nombreux les dévouements qu'il suscite. »

Après avoir cité la fin glorieuse de Livingstone, de Gordon et de Nachtigal, « de tels hommes, dit l'auteur, ne meurent pas en vain ; leur œuvre est durable, leur exemple contagieux, parce que le sentiment qui les anima est de ceux qui font le ressort moral des nations et sont la vraie source de leur grandeur. »

C'est également l'avis du baron de Richthofen, président de la Société géographique de Berlin : « Sans exemple, dit-il, dans l'histoire des découvertes continentales apparaît la rapidité avec laquelle la partie la plus longtemps ignorée de l'Afrique, l'immense bassin du Congo, a été explorée dans toutes ses régions ; mais sans exemple aussi est la générosité avec laquelle un monarque aux idées élevées a poursuivi avec fermeté ce but sans se laisser rebuter par de dures épreuves. L'exploration du bassin du Congo est l'œuvre la plus considérable de ces derniers temps sur le continent africain. »

L'État indépendant du Congo, d'une étendue égale au cinquième de l'Afrique, traversé par l'un des plus grands fleuves du monde, serait une possession belge, si les Belges l'avaient voulu. Mais, toujours hésitants, craignant de compromettre des principes qui n'étaient pas en cause, redoutant des charges dont la compensation matérielle ne s'offrait pas d'emblée, ils laissèrent la conférence créer un État sans chef défini. « Cette situation ambiguë, incorrecte, dit M. Banning, a été une source constante de difficultés de toute nature ; elle a singulièrement entravé la conduite des négociations et pesé sur leur résultat. Il n'est de la dignité de personne, pas plus de celle du pays que du Roi, qu'elle se prolonge davantage. Il appartient à la Belgique de couronner l'édifice élevé par la conférence de Berlin ; c'est une mission honorable autant qu'inoffensive. L'assumer avec une fierté virile est une nécessité nationale au même titre qu'une convenance européenne. Le pays ne saurait décliner le rôle auquel le convient l'initiative de son souverain et l'assentiment des puissances sans manquer à lui-même, ni s'exposer à déchoir dans l'opinion du monde. »

Cet appel n'a été que partiellement entendu. Pour obtenir simplement du Parlement qu'il votât l'*union personnelle* entre les deux contrées, le Roi dut à plusieurs reprises annoncer qu'il n'en coûterait pas un sou à la Belgique (1) et qu'il ne pourrait résulter de l'union aucune difficulté ni aucun danger pour le pays. C'est à ce prix qu'il lui fut permis de conserver la direction de la grande œuvre dont il est l'initiateur.

Aucune voix influente ne s'éleva dans le Parlement pour dire aux Belges : Osez donc ce qu'ont fait jadis les Portugais et les Hollandais, en vous associant au partage de l'Afrique avec les Allemands, les Français, les Espagnols et les Italiens: Saisissez l'occasion qui vous est offerte d'avoir la belle part dans ce partage, et montrez ainsi que vous êtes les dignes descendants des négociants belges qui, à l'époque de la Hanse et sous Charles-Quint, portèrent si haut la renommée et la prospérité commerciale de nos provinces.... Loin de là. A la Chambre, M. Neujean exprima la crainte « que l'*union* nous associe, dans une certaine mesure, aux destinées absolument ignorées d'un État lointain, embryonnaire, presque théorique et sans réalité ; » et au Sénat, M. Graux disait : « Ce qui me rassure, c'est que l'État du Congo n'est pas une colonie belge, que ce n'est pas à la Belgique qu'il doit sa naissance, qu'il a été créé par le Roi au nom de l'*Association internationale*, que les traités qui le reconnaissent n'assurent aux Belges aucun privilège, aucun avantage spécial. Ils y sont aujourd'hui moins nombreux que les Anglais et les Portugais. »

(1) Dans la lettre qu'il adressa au Conseil des Ministres pour obtenir la présentation d'un projet de loi l'autorisant à être souverain de l'État du Congo, le Roi se crut obligé de déclarer que l'union *n'entraînerait à aucune charge militaire ni financière pour la Belgique.*

Telles étaient les dispositions du Parlement que le chef du cabinet crut devoir entrer à son tour dans le même ordre d'idées. « C'est une entreprise à laquelle le Gouvernement, dit-il, est complètement étranger; elle n'est ni catholique ni libérale; c'est l'œuvre exclusive du Roi. »

Le 2 mai 1885 parut au *Moniteur* la double déclaration autorisant le Roi à être « le chef de l'État fondé en Afrique par l'Association internationale du Congo, à condition que l'union entre la Belgique et le nouvel État sera exclusivement personnelle. »

Peu de temps avant le vote de cette proposition de neutralité malveillante, la Chambre avait envoyé une députation féliciter le Roi du succès *personnel* qu'il avait obtenu à Berlin.

Dans sa réponse, Sa Majesté disait : « J'ai confiance dans le succès et je souhaite que la Belgique, *sans qu'il lui en coûte rien*, trouve dans ces vastes territoires affranchis de tout droit d'entrée, de nouveaux éléments de développement et de prospérité (1). »

Ce *sans qu'il lui en coûte rien* et les réserves faites par la Législature, en octroyant de mauvaise grâce au Roi le droit d'accepter la souveraineté personnelle de l'État du Congo, pèseront un jour bien lourdement sur la génération contemporaine et donneront aux hommes de l'avenir une pauvre idée de la Belgique actuelle.

On dira que les Belges de la fin du XIXᵉ siècle, livrés tout entiers aux peu glorieux soucis de la guerre aux curés et aux francs-maçons, dans laquelle ils épuisent leurs forces et leur activité, laissèrent échapper la plus belle occasion qui se soit jamais offerte à une nation de planter son drapeau sur un

____

(1) *Moniteur* du 20 mars 1885.

territoire soixante fois plus grand que la métropole, et on ajoutera qu'ils n'ont pas même voulu que la succession de la souveraineté de cette possession, accordée à titre *personnel* à Léopold II, fût assurée à ses descendants ! !

Il n'est pas absolument trop tard pour corriger les erreurs du passé. La Belgique pourrait encore, si elle le voulait, lier indissolublement ses destinées à celles du continent dont la transformation économique et sociale sera la grande œuvre du xxe siècle.

Le Congo demeure, en attendant, une colonie internationale où l'on admet que le premier rôle appartient momentanément aux Belges, et dont leur Roi est le chef absolu, mais viager. N'ayant pas à se concerter avec des ministres responsables et avec un Parlement, il y pourra faire de grandes choses pendant que ses sujets belges auront pour principal objectif de faire et de défaire des lois sur l'instruction primaire et le droit électoral.

Nous sommes à ce point repliés sur nous-mêmes que, n'était l'initiative d'un petit groupe d'hommes intelligents et prévoyants, rien ne se ferait chez nous pour exploiter le grand marché international que la conférence de Berlin a ouvert au centre de l'Afrique.

Nos industriels et nos commerçants se placent trop exclusivement sur le terrain de la spéculation immédiate. Lorsqu'on leur parle du Congo, ils se demandent ce qu'ont produit et ce que produisent les fonds déjà engagés dans l'entreprise et alors, trouvant le rapport insuffisant, ils décrient l'œuvre et en prédisent la banqueroute. Ils raisonnent exactement comme les députés qui reprochèrent au chef du Cabinet italien la prise de possession d'une partie du territoire africain et à qui M. Crispi répondit : « L'extension coloniale est pour les nations modernes une question vitale. Les avantages qu'elle procure ne sont pas de ceux qui se traduisent par des chiffres. »

Il aurait pu ajouter que les meilleures idées et les plus belles entreprises ne donnent pas immédiatement des résultats matériels avantageux. La colonie anglaise de l'Inde a épuisé le trésor de la Compagnie avant de lui procurer ces immenses richesses et cette prépondérance dans les contrées orientales qui sont la pierre angulaire de la puissance de la Grande-Bretagne.

Les nations qui ne portent pas leur activité au delà des mers se condamnent à subir l'immobilité de la décadence. « Si l'Angleterre n'avait pas de colonies, disait un de ses hommes d'État, nous serions un peuple d'épiciers. »

Faudra-t-il, pour que les Belges reconnaissent leurs erreurs et leurs fautes, que les rives du Congo aient pris entre d'autres mains l'aspect qu'offrent aujourd'hui celles du Mississipi, du Saint-Laurent, du Parana et du Gange? Nous espérons, pour l'honneur du pays, qu'il n'en sera point ainsi et que le créateur de l'État du Congo aura la satisfaction de voir son œuvre comprise, soutenue et fécondée par ses compatriotes.

SITUATION MILITAIRE

I

Si la Belgique est arriérée au point de vue commercial, si des vues étroites et de mesquines préventions l'ont jusqu'ici empêchée de prendre une part importante au mouvement d'expansion qui s'est produit dans tous les États baignés par la mer, elle ne retarde pas moins sous le rapport militaire.

Son armée à peine formée eut à lutter contre les idées les plus fausses et la plus déplorable incurie. Le Congrès national — ce fut une des rares fautes qu'il commit — ne voulut pas comprendre la nécessité de constituer notre armée au moins aussi fortement que l'était l'armée hollandaise. Le désastre de Louvain et un appel forcé à l'intervention de la France furent le résultat de cette faute et marquèrent le début du règne de Léopold Ier.

Grâce à la prévoyance et à l'énergie de ce Prince, qui avait servi avec distinction en Allemagne pendant la guerre de l'indépendance, les choses prirent peu à peu un autre aspect, et l'armée se trouva dans une situation relativement favorable, à la conclusion de la paix, en 1839. Mais à partir de ce moment l'indifférence et l'égoïsme reprirent le dessus. Sous l'empire des idées démocratiques qu'avait surexcitées le mouvement révolutionnaire de 1848, il se produisit dans le pays un courant d'opinion très énergique en faveur de la réduction des dépenses militaires. Ces dépenses qui, de 1831 à 1839, s'étaient élevées, année moyenne, à cinquante millions et demi, descendirent en 1849 à vingt-six millions et demi. Cela ne suffisait pas aux partisans des économies. Ils exigèrent davantage. Ce fut alors que le Roi écrivit à son Ministre de l'Intérieur : « La Belgique fait tout ce qu'elle peut pour décourager ses défenseurs (1). »

Débordé par la pression d'une fraction exagérée de sa majorité, le Gouvernement manifesta l'intention de « chercher à ramener le *budget normal* de l'armée sur le pied de paix au chiffre de vingt-cinq millions de francs, et à atteindre ce chiffre par des réductions successives réparties sur un espace de trois ans. »

Quelle que fût la portée de cette déclaration, n'eût-elle été qu'une simple tactique pour gagner du temps et laisser revenir les esprits à des idées plus saines, elle devait impressionner d'autant plus fortement l'armée et les patriotes clairvoyants, qu'elle se produisait le lendemain de la Révolution de 1848 et dans un moment où tout faisait prévoir le prochain rétablissement de l'empire des Bonapartes. Le Ministre de la Guerre refusa d'y donner suite et se retira.

Cet incident remua le pays. Plusieurs discours éloquents et vigoureux, prononcés à la Chambre, et les complications qui menaçaient la paix de l'Europe, produisirent une réaction favorable, dont le résultat fut l'accroissement du budget et de l'effectif de l'armée.

____

(1) Lettre du 20 septembre 1850.

Le premier monta de vingt-six millions et demi à trente-deux millions cent quatre-vingt-dix mille francs, et le second, du chiffre de quatre-vingt mille hommes à celui de cent mille.

L'organisation militaire de 1853 se maintint sans changement jusqu'en 1859. À cette dernière date, le système des places fortes fut complètement modifié par la substitution de la défense concentrée à la défense excentrique, appuyée sur vingt-deux points fortifiés.

La place d'Anvers reçut l'extension nécessaire pour servir de base d'opération, de pivot de manœuvres et de place de refuge à l'armée active, et on ne conserva des autres places que Diest sur le Démer, Termonde sur l'Escaut, Liège et Namur sur la Meuse. C'était une résolution intelligente, un progrès réel, qui fit honneur à la Belgique. Il est fâcheux que ce mouvement de réforme ne s'étendit pas à l'armée, après la guerre de 1866, qui avait démontré la grande supériorité du système militaire de la Prusse.

La mobilisation de 1870 ayant permis de constater l'insuffisance de notre effectif de guerre, l'armée réclama, d'une voix unanime, la revision de son organisation, reconnue défectueuse, et de son mode de recrutement, fondé sur le funeste principe du remplacement. Une commission mixte de vingt-sept membres (1) fut chargée de l'examen de ces deux questions. Elle vota la suppression du remplace-

(1) Cette commission, présidée par le vicomte Vilain XIIII, était composée de MM. Anspach, comte d'Aspremont, De Lehaye, Dumortier, Gerrits, Janssens, baron de Labbeville, Lebeau, Orts, Schollaert, Solvyns, Thonissen, Van Humbéeck et Van Schoor, membres du Sénat et de la Chambre ; de MM. de Bassompierre, Brialmont, Cartiaux, baron Chazal, Eenens, Goffinet, Leclercq, Merchie, Nicaise, Selle, Soudain de Niederwerth et Viette, membres militaires. Le secrétaire de la commission était le major Pontus.

ment (1), après une discussion approfondie, que le général Guillaume, Ministre de la Guerre, résuma plus tard dans les termes suivants (2) :

« La réforme des bases du recrutement de la force publique est une mesure de la plus haute gravité qui s'imposera invinciblement, dans un avenir prochain, car il ne s'agit pas uniquement de l'intérêt particulier de l'armée, quelque respectable qu'il soit ; il s'agit, en vérité, de l'intérêt du pays et de la société ; il s'agit des garanties à donner à l'ordre public et au progrès de la civilisation ; il s'agit aussi de substituer à un régime que l'équité, non moins que la morale, condamne, un régime fondé sur les sentiments patriotiques de la nation et sur les devoirs civiques ; il s'agit enfin de faire prévaloir, dans la loi du recrutement de la force publique, les principes de justice et d'équité que, sous l'influence de l'esprit moderne, les législateurs cherchent à faire dominer dans toutes les lois. »

Après le vote qui condamnait le remplacement, la Commission fit préparer par ses treize membres militaires un projet d'organisation qui aurait, s'il avait été adopté, placé l'armée sur un très bon pied. Mais la suppression du remplacement, qui en formait la base, déplut aux ministres civils et aux membres les plus influents du Parlement. Ils le repoussèrent avec une rare véhémence, parce que la bourgeoisie, qui fournit en Belgique les trois quarts des électeurs, ne voulait ni d'une augmentation du budget de la guerre, ni de l'abolition d'un privilège permettant aux riches de s'exonérer du service militaire à prix d'argent.

---

(1) Quatre membres seulement votèrent pour le maintien du remplacement.
(2) *Patria Belgica.*

Aussi le Cabinet, à la tête duquel se trouvait M. Malou, ne tint-il aucun compte du travail de la Commission mixte. Il déclara que le remplacement serait maintenu et présenta aux Chambres un projet d'organisation de l'armée entièrement différent de celui de la Commission (1), projet si défectueux que, pour éviter une discussion impossible à soutenir, il s'arrangea de façon à le faire mettre à l'ordre du jour à la fin de la session. La Chambre, pressée d'en finir, le discuta et le vota en moins d'une demi-séance (2).

Ce fut pour l'armée une grande déception. Elle se résigna, mais ses principaux chefs et un grand nombre d'officiers distingués prirent la résolution de faire de nouveaux efforts pour convaincre la Législature et le pays de la nécessité d'adopter le service obligatoire. Cette résolution, dictée par une conviction profonde, causa la plus vive irritation aux partisans du remplacement. On n'a pas oublié les attaques véhémentes que des représentants et des journaux des deux partis dirigèrent à cette époque contre les officiers qui

----

(1) La Commission de 1871 avait demandé pour l'infanterie cent six bataillons, pour la cavalerie trente-six escadrons actifs, pour l'artillerie de campagne quarante-deux batteries, pour l'artillerie de siège quatre-vingts batteries, et pour le génie vingt-neuf compagnies. La loi d'organisation de 1873 accorda en moins vingt-deux bataillons, quatre escadrons, huit batteries de campagne, trente-deux batteries de siège et douze compagnies du génie.

Il est vrai que depuis lors (en 1886) on a voté une loi organisant la réserve nationale, qui produira, au moment de la mobilisation, dix-huit bataillons, huit escadrons, six batteries de campagne, douze batteries de siège et quatre compagnies du génie, mais ces unités tactiques, pourvues de cadres rudimentaires et composées de classes de milice qui n'ont plus été appelées sous les armes depuis leur envoi en congé illimité, apporteront à l'armée un bien faible renfort et causeront de cruelles déceptions au moment de la mobilisation.

(2) Cette loi porte la date du 16 août 1873. La loi d'organisation de 1845 fut discutée à la Chambre dans treize séances. Celle de 1853 donna lieu aussi à de longs et intéressants débats que nous rappellerons plus loin.

avaient pris la parole dans la Commission mixte de 1871 et contre ceux qui, dans des publications spéciales, s'étaient constitués les défenseurs du service obligatoire. La plupart des hommes politiques et des journalistes auxquels nous faisons allusion ont depuis lors reconnu leur erreur. Toutefois parmi ceux qui s'étaient le plus distingués dans la croisade des intérêts particuliers contre l'intérêt national, il en est un, le plus ardent de tous, dont l'opposition n'a pas faibli, c'est M. Woeste. L'intervention de cet homme dans les questions militaires a été et continue d'être *funeste*. C'est ce qui nous porte à le mettre au premier rang des adversaires de la réorganisation de l'armée et des grands intérêts qui s'y rattachent. Pour expliquer sa conduite, faisons remarquer tout d'abord qu'il s'est fait une idée radicalement fausse du rôle et de l'importance de l'armée belge. « Nous devons, disait-il en 1872, éviter d'offrir à nos puissants voisins, par une armée trop nombreuse, la tentation de rechercher notre alliance et de nous châtier du refus que nous devrions leur opposer. »

Partant de cette idée, il combat toute mesure pouvant accroître la force morale et la force matérielle de l'armée. De là son opposition acharnée au service obligatoire et à l'augmentation du contingent.

En 1882, il fit rédiger par les cercles catholiques et les associations conservatrices dont il est le président, un manifeste combattant l'augmentation du contingent de l'armée avec une grande véhémence; et, tout récemment encore, il disait à un rédacteur de la *Réforme* : « Je ne suis partisan d'aucune aggravation des charges militaires, aussi bien dans l'armée que dans la garde civique. Je suis l'ennemi de tout projet qui augmenterait les vexations du citoyen appelé à porter les armes. »

M. Woeste se montre encore aujourd'hui tel qu'il était quand, plaçant la question du service obligatoire sur le terrain de la politique intérieure, il disait : « Ce n'est pas seulement pour les catholiques une question de dignité, c'est aussi une question d'intérêt. Le Ministère — et Dieu nous garde de l'accuser de semblables projets ! — *le Ministère, disons-nous, tomberait s'il proposait des aggravations militaires...* Le seul résultat qu'il atteindrait serait son propre discrédit et peut-être *la dislocation de la droite....* Il n'y a pas de milieu, ou le Ministère serait battu à la Chambre, ou il succomberait bientôt devant le corps électoral. Dans les deux cas, *c'en serait fait pour longtemps du parti conservateur....* Nous poursuivrons le but, nos amis et nous, de fournir aux membres civils du Ministère un point d'appui pour résister aux obsessions de quelques officiers supérieurs qui le harcèlent (1). »

Tout le programme de l'homme funeste, qui depuis lors a exercé une influence croissante sur son parti, se trouve dans ces quelques lignes. Affaiblir l'armée, la maintenir dans des conditions manifestes d'infériorité par rapport aux autres armées, ce n'est rien. Une seule chose est importante et prime tout, c'est la nécessité de maintenir le Cabinet au pouvoir et de ne pas *disloquer la droite.*

M. Malou était le chef du Cabinet quand le général Guillaume, alors Ministre de la Guerre, disait : « Le maintien du remplacement produira fatalement l'amoindrissement et la ruine de l'armée, » et quand

---

(1) *Revue générale* de 1882.

le général Chazal, commandant de l'armée d'observa-
tion, fit cette déclaration à la Commission de 1871 :
« En mon âme et conscience, la patrie est en danger,
si nous maintenons notre injuste et défectueux
système de recrutement. »

Ces témoignages écrasants n'empêchèrent pas le
Ministre des Finances, incompétent et non responsable,
de déclarer à la Chambre qu' « il est de l'intérêt des
familles *et de l'intérêt de l'armée ! ! !* de maintenir le
remplacement. » Déclaration qui fait sourire quand
on songe qu'aujourd'hui tous les États européens,
sauf la Belgique et la Hollande, ont adopté le service
obligatoire et que dans ces deux pays si obstinément
rebelles au progrès (1) les militaires sont unanimes à
déclarer que le remplacement est une cause d'affai-
blissement et de déconsidération pour l'armée.

Mais l'opinion des militaires exerce si peu d'influence sur notre Parlement que celui-ci donna raison
à M. Malou, et qu'on alla jusqu'à soutenir que sans le
remplacement il ne serait pas possible de doter la
Belgique d'une bonne armée. Aussi M. Dumortier
put-il affirmer sans recevoir de démenti que « le
service obligatoire ne rallierait pas quinze voix dans
la Chambre (2) ; » à quoi l'*Écho du Parlement*

(1) Avant peu la Belgique sera seule, car la Hollande paraît être sur le point
d'adopter le service obligatoire. Le *Dagblad* de La Haye disait récemment :

« Que nos voisins se réjouissent si grandement du résultat déjà acquis, nous
le comprenons, car là aussi on lutte depuis longtemps sans relâche et sans
succès.... Qui de nous deux restera la dernière, en Europe, avec des institutions
militaires qui sont l'héritage d'une domination déjà bien loin de nous
cependant ?

» On ne saurait s'imaginer un plus beau retour vers le temps où fut proclamée
notre indépendance, que la disparition de ce dernier reste d'une époque
d'esclavage tant détestée. »

(2) Ce fougueux adversaire de la suppression du remplacement qualifiait, en
1872, à la Chambre, les efforts des militaires pour obtenir le service obligatoire
de « menées ourdies dans un but coupable qu'on ne saurait assez blâmer. »

répondit : « Nous croyons que ce chiffre dépasse encore la réalité. »

M. Woeste fit tout ce que lui inspirait sa haine du service obligatoire pour maintenir cette situation.

« Les remplaçants, dit-il (1), se consacrent au service moyennant une somme une fois reçue et un salaire très modique, quotidiennement touché ; je ne vois là aucune différence essentielle avec tous ceux qui font partie des administrations civiles et militaires.

» .... Qui soutiendra sérieusement que les conscrits servent par esprit de dévouement et de sacrifice ? Qui avancera, d'autre part, que les émoluments des officiers n'impliquent pas *une idée de lucre à l'égal de l'indemnité que reçoivent les remplaçants ?* »

Questions impertinentes, qui donnent une juste idée de la façon dont M. Woeste apprécie l'honneur militaire et auxquelles nous ne répondrons que par cette réflexion du général Trochu (2) : « Quand, dans les armées nationales, les grands principes de la gratuité et de l'obligation personnelle disparaissent, il y a décadence. »

Mais M. Woeste n'a cure de ce que pensent et disent les militaires. « La question du recrutement, écrivait-il en 1872, n'exige pas de connaissances spéciales et doit être traitée, *non par des militaires,* mais par des considérations tirées de la position politique, des mœurs et des sentiments du pays. »

Il ne juge pas même des connaissances spéciales nécessaires pour résoudre les plus épineuses questions de la stratégie, puisqu'il disait en 1882 : « Le simple bon sens me dit que la Meuse n'est pas

(1) *Revue générale* de 1872.
(2) *L'armée française en 1872.*

une ligne d'opérations pour les Allemands ni pour les Français (1). »

Avec une présomption vraiment sans exemple, s'érigeant en censeur de tous les peuples et de tous les États du continent, le même homme traite le service obligatoire *d'immense injustice*, qualifie de *toquade* l'obstination des officiers qui préconisent cette réforme et se permet de déverser l'injure sur ceux qui disent qu'il y a dans l'armée belge des soldats (remplaçants) *de la pire espèce :*

« Votre premier devoir, dit-il à ces officiers, est de revendiquer l'honneur de l'institution à laquelle vous appartenez, et, par vos *dénonciations aveugles*, vous *la déshonorez*. C'est au Ministre de la Guerre à vous rappeler à l'accomplissement de ce devoir. »

Ainsi, pour revendiquer l'honneur de l'armée, il faut soutenir que son recrutement est excellent, et ceux qui prétendent, avec tous les ministres de la Guerre qui, depuis 1870, se sont succédé au pouvoir, que le remplacement est une *lèpre*, « donnent, d'après M. Woeste, le détestable exemple d'une sédition contre le gouvernement de leur pays et veulent faire la loi par des voies que la Constitution proscrit. Il est temps, ajouta-t-il, que ces *menées factieuses* cessent. Les officiers ne doivent pas devenir des Gambetta et des Rabagas. »

Non content de s'ériger en censeur et en dénonciateur des officiers, M. Woeste aspire encore à jouer le rôle de prophète. Sa philippique contre les défenseurs du service obligatoire se termine en effet par ces lignes :

(1) M. Malou jugeait ces questions avec la même désinvolture. « Je remercie, disait-il, le Gouvernement (Cabinet Frère-Orban) d'avoir déclaré qu'il ne songe pas à fortifier la ligne de la Meuse. S'il fallait justifier plus amplement cette résolution, *il serait aisé de le faire.* » Discours prononcé en 1883.

>< « MM. de Theux et Malou ayant déclaré, l'un, au Sénat, que *l'opinion du Gouvernement est définitive en ce qui concerne le maintien du remplacement,* et l'autre, à la Chambre des Représentants, que *le moment est venu de s'arrêter dans la voie des augmentations des charges militaires et même, autant que possible, des dépenses militaires,* je considère désormais le débat comme clos (1). »

Malheureusement pour le prophète alostois, ses propres amis n'ont pu se soustraire à l'obligation patriotique de rouvrir le débat qu'il déclarait définitivement clos.

Au commencement de l'année 1886, des troubles éclatèrent dans plusieurs centres industriels du pays. Ils furent réprimés par la force des armes, mais cette répression avait permis de constater une fois de plus que le recrutement de notre armée est défectueux. L'opinion publique s'en émut, et il s'établit aussitôt en faveur de la suppression du remplacement un courant d'idées dont le Cabinet crut devoir tenir compte.

En ouvrant la session, le 9 novembre, le Roi fit la déclaration suivante :

« Les questions relatives au recrutement de l'armée préoccupent à juste titre l'opinion publique, et il est bien désirable que l'accord patriotique des partis permette à mon Gouvernement de leur donner la

---

(1) Cette prétention de clore les débats sur des questions qui s'imposent et dont les solutions sont en rapport avec les progrès de l'art militaire, est des plus ridicules. La Chambre votait le 24 décembre 1863 un ordre du jour ainsi conçu : « Considérant que tout changement au système de défense décrété en 1859 doit entraîner pour le pays des charges nouvelles, la Chambre passe à l'ordre du jour. » Or, depuis cette date, on a construit à Anvers une nouvelle ligne de forts, non encore terminée, et voté les importantes fortifications de Liège et de Namur.

solution que commandent des intérêts de l'ordre le plus élevé. »

On s'attendait à voir le Cabinet soumettre bientôt après, à la Chambre, un projet de loi réalisant ce que réclamaient ces « intérêts de l'ordre le plus élevé ». Mais M. Woeste, voyant ses prévisions déjouées, se remit en campagne pour arrêter les ministres dans la voie où ils se trouvaient engagés. Il donna des instructions secrètes à la *Fédération des 92 cercles catholiques et associations conservatrices*, puis leur soumit officiellement la question du service obligatoire. Comme l'on devait s'y attendre, toutes s'y montrèrent hostiles.

Voici le résumé des opinions et des idées qui furent émises dans ces réunions :

Nos amis sont au pouvoir. Au mois de juin 1888 doivent avoir lieu des élections qui pourraient tourner contre nous. Nos adversaires se sont prononcés en faveur du service personnel. Repoussons-le ; ils seront désarçonnés, nous sauterons dans leurs étriers et nous arriverons sûrement à notre but, qui est de maintenir et de renforcer le Cabinet.

La grande question pour les députés, comme l'a dit M. Dumortier, dans la Commission de 1871, est de savoir s'ils seront réélus ou s'ils ne le seront pas. Il ne s'agit nullement de contenter les militaires qui font de l'art pour l'art et mettent une sorte de dilettantisme à commander des fils de famille plutôt que des valets de ferme et des manouvriers.

L'adoption du système prussien, qui est leur rêve, aurait pour effet de transformer la Belgique en une vaste caserne. Un des nôtres, Jean-Baptiste Nothomb, disait, à la vérité, il y a plus de quarante ans (1),

(1) Session de 1846-1847.

que « ce système *est le plus digne d'une nation libre,* »
mais c'est une opinion qui n'a pas trouvé d'écho
dans notre pays, où, comme l'a fort bien démontré
M. Woeste, tout est subordonné à l'intérêt politique.
Nous avons pour devoir de sauvegarder cet intérêt,
dont les militaires n'ont aucun souci, et de combattre
des idées que rien ne justifie. Ces messieurs ont beau
soutenir que les remplaçants sont la lèpre des armées,
l'histoire leur prouve que les mauvais sujets ont
été de tout temps les meilleurs soldats. Lisez
Brantôme, lisez Fléchier, vous verrez que les héros de
leur temps étaient le plus souvent dignes de la hart.
Et, sans remonter si haut, la bataille de Waterloo
n'a-t-elle pas été gagnée par des soldats dont
plusieurs portaient encore la marque sanglante du
chat à neuf queues ? Foin de tous les préjugés et
arrière toutes les déclamations de ceux qui prétendent
avec les généraux allemands que « la valeur des
armées est en raison directe de l'intelligence, de
l'éducation et de la moralité de leurs éléments, » ou
avec Jean-Jacques Rousseau que « l'État est près de
sa ruine sitôt que les citoyens aiment mieux servir
de leur bourse que de leur personne. »

N'est-il pas évident que les premières et les plus
importantes qualités du soldat sont la hardiesse,
l'esprit aventureux et l'absence de scrupules? Or ces
qualités, on les trouve plutôt chez les mauvais sujets,
dont les communes cherchent à se débarrasser et qui
sont la pépinière des remplaçants, que chez les
aimables jeunes gens de la noblesse, de la finance et
de la bourgeoisie. Nos officiers, si entichés de la
fantasmagorie démocratique du service obligatoire,
ne voient-ils donc pas que l'armée perdrait ses plus
fermes appuis et sa plus grande utilité le jour où elle

cesserait d'être une grande école de réforme pour les mauvais drôles qui font le désespoir des parents et des communes....

Tels furent en somme les arguments que produisirent les orateurs des cercles catholiques, qui, sous la haute direction de M. Woeste, protestèrent contre les bonnes intentions du Cabinet et le mirent en demeure de n'y pas donner suite. Cette ligue antipatriotique eut tant de succès que le chef du Cabinet, certain d'avoir une majorité de cinq à six voix pour la suppression du remplacement — grâce au concours de la gauche, — mais ne se sentant pas de force à rompre avec M. Woeste et ses fidèles, instruments d'un clergé qui met ici ses préventions au-dessus de l'intérêt national, fit, le 14 juillet 1887, la déclaration suivante :

« Une grande réforme comme celle-ci ne peut se réaliser que si le sentiment du pays lui est réellement acquis. Il faut une forte majorité, et, en admettant que l'honorable M. Pirmez ait parlé au nom de toute la gauche, encore reconnaîtra-t-il que le Gouvernement doit compter avec l'opinion de la droite. C'est parce qu'il savait que le concours de la majorité de ses amis ne lui était pas acquis, qu'il jugeait l'heure inopportune. Mais si cette heure n'a pas sonné, le Gouvernement est convaincu, Messieurs, qu'elle sonnera. »

Cette déclaration rendit leur liberté d'action à un certain nombre de députés catholiques qui avaient promis leur voix au Cabinet. La suppression du remplacement fut dès lors rejetée par soixante-neuf voix contre soixante-deux et quatre abstentions (1).

---

(1) Dans ces soixante-deux voix, il y avait vingt-deux voix de la droite et quarante du parti libéral. Les soixante-neuf voix contre et les quatre

M. Woeste, qui avait dit en 1882 : Nous devons avant tout éviter de *disloquer la droite*, triomphait, mais l'armée et les vrais patriotes furent consternés. Ce vote produisit à l'étranger le plus déplorable effet. On y avait déjà une assez mauvaise opinion de notre prévoyance et de notre patriotisme, justifiée par le fait que dix-huit ans après la guerre franco-allemande, nous tolérons encore le remplacement militaire. Le maintien de cet odieux privilège et le recul du Cabinet devant le groupe commandé par M. Woeste, mirent le comble à la défiance et provoquèrent les observations et les réflexions les plus blessantes pour notre honneur. On nous représenta à l'étranger comme une nation de jouisseurs égoïstes, escomptant par sous et deniers les bénéfices de l'indépendance et refusant de s'imposer pour conserver ce trésor les sacrifices auxquels toutes les autres nations ont souscrit, sauf nos voisins du Nord, atteints du même mal que nous.

« Il ne faut pas oublier, disait en 1873 un journal militaire allemand (1), que les armées belge et hollandaise se trouvent dans le pire état, au grand regret des véritables patriotes et des braves soldats eux-mêmes ; situation qui, étant arriérée vis-à-vis des exigences des temps présents, demande non seulement de petites, mais encore de plus radicales réformes. Il faut considérer que les partis de ces pays sont trop égoïstes pour faire passer ces réformes *avant le moment où il sera trop tard.* »

Cette opinion a été exprimée non seulement dans les journaux spéciaux de l'Allemagne et de la France,

---

abstentions appartenaient toutes à la droite. Il y avait trois absents qui auraient voté avec la minorité, laquelle eût été alors de soixante-cinq voix.

(1) *Militärische Blätter*, de Berlin.

mais encore dans la presse politique de ces deux pays, qui nous classe au dernier rang des nations militaires.

Le 17 novembre 1888, la *Norddeutsche Allgemeine Zeitung*, l'organe officieux du prince de Bismarck, commentant les paroles attribuées au Roi dans son entretien avec les administrateurs du théâtre flamand, écrivait ceci : « Que les paroles prononcées par le Souverain peu d'heures avant l'ouverture des travaux parlementaires aient dans sa bouche une haute gravité, personne n'en saurait douter quand on considère à quel point les partis qui dominent en Belgique, malgré tous les signes avertisseurs du temps, se montrent peu soucieux de leurs devoirs envers le pays. »

Le même journal disait, peu de jours après : « La Belgique a encore aujourd'hui le système du remplacement, et l'impôt du sang n'est payé que par les classes les moins privilégiées de la société. Ce système nuit d'abord à la composition de l'armée ; en outre, il donne aux agitateurs une arme terrible pour motiver leur opposition contre le mode de recrutement actuel. Il faut reconnaître cependant que le roi Léopold s'est déclaré partisan de l'abolition du remplacement et que tous les généraux belges qui jouissent de quelque réputation se sont prononcés en faveur d'une réorganisation dans ce sens, mais le Gouvernement n'a pas osé appuyer cette réorganisation. »

L'année dernière on lisait dans la *Gazette universelle de Munich* : « L'insuffisance des institutions militaires de la Belgique causera peut-être un jour à l'Allemagne de grands embarras. Le rôle qui incombe à la Belgique, ainsi qu'à la Suisse, dans une guerre entre la France et l'Allemagne, est de mettre rapidement sur pied une armée pour empêcher que les troupes des États belligérants ne traversent le territoire belge. Il faut pour cela que l'armée arrive promptement aux frontières, et à cet effet la Belgique a besoin d'un procédé rapide de mobilisation.

. . . .

» La neutralité de la Belgique étant très précieuse pour nous, nous n'en voyons nos intérêts que plus gravement atteints par le fait qu'un peuple de près de 6 millions d'âmes met sur pied une armée si peu considérable et nous offre de si faibles garanties contre une invasion ennemie. »

La *Revue militaire de l'étranger*, rédigée à l'état-major du ministre de la guerre de France, disait à la date du 30 novembre dernier : « En Belgique, au lieu de se demander si telle ou telle mesure est utile ou opportune, on s'enquiert de l'opinion politique de ceux qui l'ont mise en avant; et c'est en somme cette considération presque seule qui dirige la discussion. Cette fâcheuse tendance *pourrait un jour avoir une influence funeste sur le sort de la Belgique.* »

Le vote du 14 juillet qui nous a valu ces critiques et ces avertissements, était une éclatante victoire pour M. Woeste et une défaite d'autant plus humiliante pour le Cabinet, que son succès eût été certain s'il avait fait un appel chaleureux au patriotisme de la Chambre.

Mais cette victoire ne suffit pas au député d'Alost et à ses amis. Ils voulaient qu'elle ne pût être suivie d'aucun retour de fortune. Craignant que le Cabinet ne cédât aux instances du Roi, partisan déclaré du service obligatoire, et aux vœux unanimes de l'armée, qu'il ne fît une nouvelle tentative et ne finît cette fois par l'emporter, l'homme funeste se remit en campagne avant les élections du mois de juin 1888. Grâce aux cercles catholiques et à l'appui d'une grande partie du clergé, il réussit au point que trois membres catholiques du Parlement qui avaient voté la suppression du remplacement, MM. Nothomb, Lammens et Vandenpeereboom, furent obligés, pour ne pas compromettre leur élection, de déclarer, le premier, devant les électeurs de Turnhout, les deux autres, devant les électeurs de Courtrai, que le sort du service personnel dépendait d'une majorité de la droite; que, dès lors, aussi longtemps que cette majorité ne se formerait pas, la question ne reparaîtrait plus et qu'on devait la considérer comme rayée de l'ordre du jour (1).

Nouveau succès pour M. Woeste. Mais ce n'était pas assez de vaincre. A peine les élections furent-elles terminées, que la *Revue générale* publia un article de lui intitulé : *Les élections et les partis*, où il signale comme cause principale du succès des catholiques aux élections du mois de juin, « la faute que commit le parti libéral en donnant son adhésion au service personnel.

» On ne peut contester, dit-il, que cette réforme soit peu en harmonie avec les principes que les catholiques se sont toujours honorés de défendre....

---

(1) « Il faut, disait le sénateur Lammens, l'accord du pays catholique, et cet accord, je le reconnais volontiers, n'est pas près de se produire. »

« Si la question devait encore être soumise aux délibérations du Parlement, disait M. Nothomb, je ne voudrais la résoudre que par l'accord de la majorité conservatrice, » et il ajouta : « La question ne sera plus présentée par la droite. Nos amis, qui sont au pouvoir, l'ont déclaré... elle est, par conséquent, rayée aujourd'hui de notre programme. »

M. Nothomb alla même jusqu'à dire que « si la question était posée par la gauche, revenue au pouvoir, il la combattrait. »

Toujours, pris en masse, ils ont eu horreur de l'obligatoire. »

Cette horreur à coup sûr ne s'étend pas, chez les catholiques, à la messe obligatoire, à la confession obligatoire, au mariage religieux obligatoire, au jeûne obligatoire et à d'autres devoirs également obligatoires pour eux.

Il en est de même du principe de la liberté individuelle, que les catholiques de la nuance de M. Woeste n'entendent pas sacrifier à l'intérêt de l'État, mais dont ils n'ont cure lorsqu'il s'agit des intérêts du clergé ou de la religion.

L'habile député d'Alost ne s'arrête pas d'ailleurs longtemps à cet argument contre le service obligatoire. Le seul qu'il juge sérieux et sur lequel il revient sans cesse, est l'intérêt politique, qui, pour lui, domine tout.

Après avoir enregistré triomphalement l'humiliante déclaration faite par MM. Lammens, Vandenpeereboom et Nothomb, la retraite de M. de Becker, motivée par le peu de sympathie des électeurs de Louvain pour le service personnel, et l'élimination à Thielt d'un représentant favorable à cette réforme, il s'écrie :

« Bien aveugles seraient ceux qui ne s'inclineraient pas devant les vœux nettement accusés du pays catholique ! Heureusement ces aveugles ne se rencontrent pas sur les bancs de la droite. L'ébranlement qui s'était produit un instant parmi nous a cessé ; tous, adversaires ou partisans du service personnel, nous sommes unanimes à proclamer que cette *fatale question* a disparu de l'ordre du jour : il faut remercier le Ministère de l'avoir compris ; *la reconnaissance publique le récompensera de son* ABNÉGATION PATRIOTIQUE. »

Évidemment le mot *patriotique* est ici une sanglante ironie. La reconnaissance publique n'est promise au Ministère que parce qu'il a rayé de l'ordre du jour de la Chambre une réforme que, dans le discours d'ouverture de la session de 1886, il déclarait être *réclamée par des intérêts de l'ordre le plus élevé.*

Cette attitude hautaine de l'homme funeste, qui a la prétention de mener la droite et, peut-être, le secret désir de prouver à la Couronne qu'elle a eu tort de se priver de ses services, a dû froisser nos ministres et surtout celui dont le devoir est de fortifier l'armée par l'abolition du remplacement.

Elle aura pour effet — nous l'espérons du moins — de les engager à poursuivre leur but avec plus de résolution et de fermeté.

M. Beernaert disait, dans la séance du 13 juillet 1887 : « Depuis 1872 le service personnel a fait à l'étranger de nouveaux progrès, et les considérations d'intérêt social qui, à elles seules, en justifieraient l'établissement en Belgique, ont acquis dans le cours de ces dernières années plus de force. Ce sont ces considérations surtout qui ont déterminé ma conviction. M. Thonissen était acquis depuis de longues années à la même cause ; nos collègues se sont rangés à notre opinion. »

Le lendemain, le chef du Cabinet affirmait que l'heure du service personnel n'a pas encore sonné, *mais que le Gouvernement est convaincu qu'elle sonnera.* Ce ministre ne voudra certainement pas arrêter l'horloge indéfiniment au gré de M. Woeste, car, s'il avait cette pensée, il n'eût pas fait tenir au Roi le langage que nous avons rappelé plus haut. Un Cabinet qui déclare l'accord patriotique des partis nécessaire pour résoudre une question intéressant au plus haut degré l'existence du pays, manquerait à ses devoirs s'il renonçait à poursuivre la solution de cette question avec la plus grande énergie. Les dispositions hostiles d'une partie des représentants de la majorité et la préparation insuffisante de l'opinion publique sont des raisons que l'on peut invoquer toutes les fois qu'une résolution importante doit être prise par la Législature, mais elles n'ont jamais prévalu quand de grands intérêts nationaux étaient en jeu. Les fortifications d'Anvers, l'accroissement de l'armée et les travaux de défense de la Meuse ont été votés par une fraction des deux partis, et nul n'a jamais soutenu qu'il fallait qu'elles le fussent exclusivement par les représentants du parti au pouvoir.

Lorsque, en 1853, on discuta à la Chambre le projet d'organisation de l'armée, dont les bases avaient été jetées par la Commission mixte de 1851, quelques représentants manifestèrent la crainte de voir ce projet diviser la majorité gouvernementale ; d'autres exprimèrent l'opinion que malgré les sacrifices nouveaux qu'il s'agissait d'imposer à la nation, on ne pourrait pas défendre efficacement le pays.

Ce fut alors qu'un parlementaire d'une haute valeur, qui jouissait du respect et de la considération des deux partis, se leva pour combattre les craintes des uns, les appréhensions des autres, et prêter au Gouvernement l'appui de sa virile éloquence.

« Je pense, disait Paul Devaux, qu'il est des moments solennels où les partis politiques doivent, je ne dis pas se cacher ou se dissimuler, mais doivent franchement ajourner leurs dissentiments.

» Et, Messieurs, si cela doit être, c'est surtout devant l'étranger, devant l'ennemi. Lorsqu'on discute un budget de la guerre, une organisation de l'armée, c'est devant l'étranger qu'on se trouve ; on est en quelque sorte devant un ennemi éventuel, et tous les partis alors ne doivent se souvenir que d'une seule chose : c'est qu'il s'agit de la patrie commune.

» Messieurs, une triste parole est tombée dans ce débat ; on a dit au pays un mot que je voudrais ne pas avoir entendu, on lui a dit.... qu'il serait impuissant à se défendre !

» A-t-on oublié que ce qu'on demande au pays, ce n'est pas même la résistance que de nos jours la Pologne, la Hongrie, le Danemark, ont opposée aux plus puissants États de l'Europe, c'est seulement de tenir contre l'ennemi pendant trois ou quatre semaines jusqu'à ce que d'autres armées viennent au secours de sa neutralité violée. Et la Belgique ne serait pas capable d'un tel effort ! Pour accomplir une tâche pareille, il ne faut à la Belgique qu'une seule chose, il faut le vouloir, mais il faut que le Gouvernement et les Chambres le veuillent comme la nation. Il y a, Messieurs, dans les nations comme dans chaque homme des instincts généreux et de mauvais instincts ; si du haut du pouvoir ou du Parlement on encourage dans la nation les instincts égoïstes, avares, découragés ou nonchalants, la nation descendra bientôt, tout effort vigoureux pourra lui paraître au-dessus de ses forces ; si on vient en aide, au contraire, aux sentiments généreux, la nation s'élève et devient capable de remplir la plus noble mission.

» Si la Belgique restait en dessous de la sienne, soyez-en bien sûrs, la faute n'en serait pas à elle, mais au pouvoir ou à nous, aux hommes chargés de la conduire ou d'exercer une haute influence sur elle.

. . . .

» Ce serait un véritable crime si, par la faute de ceux qui l'administrent, cette Belgique, qui s'est placée si haut dans l'estime des peuples, devrait être condamnée à s'entendre dire qu'elle n'a pas su s'élever à la seule vertu sans laquelle les autres ne sont rien, au jour du danger, le courage, l'énergie de défendre sa propre existence. »

Le même homme d'État disait dans une autre circonstance : « Combattez cette idée que la Belgique est faible, qu'elle ne peut se défendre, qu'elle n'a de ressources que dans le secours de l'étranger ; ce sont de déplorables erreurs.

» Que le Gouvernement éclaire la nation, qu'il lui montre sa force, qu'il lui montre tout ce qu'elle peut pour elle-même, et ainsi on raffermira le sentiment national, et l'intérêt de l'armée, dans cette Chambre comme au dehors de cette Chambre, sera bientôt compris comme il doit l'être. »

Chaque fois que le Gouvernement demandera à la Législature des sacrifices patriotiques dans un pareil langage et fera appel à d'aussi fiers sentiments, la majorité l'appuyera. Que le Cabinet actuel en tente l'épreuve ; il verra que ce n'est pas en faisant vaillamment son devoir qu'il compromettra sa situation. C'est, au contraire, ainsi qu'il la renforcera et se montrera vraiment digne d'occuper le pouvoir. Ses véritables amis sont ceux qui lui disent, *Marchez !* et non ceux qui lui crient d'une voix tremblante, *Arrêtez-vous !*

Repousser ou ajourner toute grande mesure d'intérêt national parce qu'il régnerait des dissidences à son sujet entre les membres de la majorité et que, dans ces conditions, le concours de la minorité paraîtrait précaire ou suspect, ce serait prendre pour règle de conduite gouvernementale ce mot d'une franchise brutale, échappé à l'un de nos publicistes : « Le seul objectif d'un parti doit être de conquérir le pouvoir quand il ne l'a pas, et de le garder quand il l'a (1). »

M. Woeste a fait de cette fausse maxime le mot d'ordre du parti dont il se flatte d'être le maître et le guide; mais, pour un chef de gouvernement, y souscrire serait descendre du rang élevé d'homme d'État pour se plier à celui d'un vulgaire politicien. Arrière alors toutes les questions d'ordre supérieur, arrière les intérêts vitaux de la patrie, arrière les dévouements généreux à la chose publique, arrière tout ce qui fait la dignité et la force d'une nation. Place aux appétits privés, aux intérêts sordides, aux convoitises des individus, des coteries, des partis. Recruter des électeurs pour vaincre, livrer, après la victoire, le pays en pâture aux vainqueurs du scrutin, ce serait le commencement et la fin de toute sagesse politique. Ce serait aussi la condamnation et la perte du régime parlementaire, qui ne survivrait pas longtemps au mépris mérité dont le frapperaient tous ceux qui se font une autre idée de la mission de l'État et des devoirs du citoyen.

Ce n'est pas ainsi que comprenaient leur mandat les grands parlementaires qui ont illustré en d'autres temps la tribune belge. Recueillons les paroles de quelques-uns d'entre eux : jamais il ne fut plus nécessaire de les rappeler.

Paul Devaux :

« La Belgique est aujourd'hui une puissance estimée en Europe.... Le chiffre de son effectif de guerre a

(1) Louis Hymans : 1873.

une immense gravité au dehors. C'est là ce qui fixe notre importance ; c'est là ce qui décidera dans des moments de crise la question de savoir si on prendra notre neutralité et notre nationalité au sérieux. C'est là ce qui décidera la question de savoir si vous trouverez des alliés pour vous défendre contre une agression.... De l'effectif de guerre dépend aussi la question de savoir si dans le cas d'une alliance vous resterez maîtres chez vous ou si l'étranger qui viendra à votre secours sera votre maître et disposera de vous comme le faisaient autrefois vos dominateurs (1). »

Joseph Lebeau :

« Quant à moi, si je ne croyais pas que nous puissions résister à une puissance quelconque, alors que nous aurions bientôt avec nous toutes les autres, je demanderais la réunion de mon pays à un autre, car je ne croirais pas la Belgique digne d'exister comme nation.

» Pour l'armée, il faut faire tout ce qui doit être fait (2). »

Félix de Mérode :

« C'est en vain qu'on voudrait transformer le peuple belge en nation qui ne vit pas de la même vie que les autres, qui ne subit pas les mêmes nécessités, qui n'est pas soumise aux mêmes influences, exposée aux mêmes dangers intérieurs et extérieurs (3). »

Dechamps :

« Savez-vous d'où vient en grande partie le

(1) Chambre des Représentants : séance du 23 janvier 1851.
(2) Chambre des Représentants : séance du 23 janvier 1851.
(3) Chambre des Représentants : séance du 22 janvier 1851.

poids de la dette belge? Il nous vient d'un moment d'imprévoyance, d'aveuglement, d'abandon de nous-mêmes, des désastres de 1831.

» Pendant huit années, depuis 1831 jusqu'en 1839, nous avons été forcés de maintenir une armée de cent dix mille hommes sur le pied de guerre, précisément à cause de cette faute commise....

» Nous avons dû voter des budgets de la guerre de cinquante, soixante, septante et septante-quatre millions de francs ; nous les avons votés, comme l'a dit l'honorable M. Dumortier, avec l'élan du patriotisme.

» Cette faute de 1831 nous a valu la perte de deux provinces. Les puissances européennes ont douté de notre force nationale et militaire ; elles nous ont enlevé les lignes de la Moselle et de la Meuse, Maestricht et Luxembourg, pour confier cette ligne, qui couvre le Rhin, à la Hollande, qui leur inspirait alors une plus grande confiance militaire que la Belgique ; voilà les suites de la faute que l'absence d'idée politique et l'inexpérience nous ont fait commettre (1). »

Jules Malou :

« La Belgique existe parce qu'on a prêché non pas l'homogénéité des partis, mais *l'homogénéité nationale....*

» Vous me dites : Il importe que notre majorité ne soit pas divisée. Mais, Messieurs, il y a un intérêt plus élevé que celui-là, *c'est que le pays ne soit pas divisé....*

» Nous n'avons qu'une raison d'être, qu'une pensée,

(1) Chambre des Représentants : séance du 17 janvier 1851.

qu'un gage d'avenir ; c'est la devise qui a toujours été la nôtre : *La nationalité avant tout !* (1) »

C'est ainsi que parlaient, en 1851, les hommes d'État des deux partis de la Chambre, et leur vigoureux langage chassait les chimères, prévenait les défaillances, stimulait le patriotisme et remettait la politique nationale dans le droit chemin.

S'il était vrai cependant que de pareils accents ne fussent plus de nature à être entendus ou compris de nos jours, si, sur la grande question de salut public qui nous occupe, les deux partis ne fussent capables que de se faire échec l'un à l'autre, par calcul électoral, il faudrait renoncer à l'espoir que le cabinet catholique d'aujourd'hui ou le cabinet libéral de demain présentât avec quelque chance de succès un projet de loi sur le service personnel (2). Car, de deux choses l'une, ou ce projet serait voté, et dans ce cas l'opposition exploiterait le mécontentement qu'aurait causé la réforme à un certain nombre d'électeurs, ou bien le projet échouerait et, dans ce cas, le cabinet n'aurait que l'alternative de la retraite ou d'une dissolution dont le résultat pourrait tourner contre lui. Aucun cabinet ne se placerait volontairement dans cette alternative ; par conséquent la *fatale question du service personnel*, comme l'appelle M. Woeste, serait défi-

---

(1) Chambre des Représentants : séance du 22 janvier 1851.

(2) La gauche parlementaire, en votant l'an dernier le principe du service personnel, n'était pas d'accord sur sa formule. C'est à raison même de ce dissentiment que le projet de réserve de l'armée, annoncé dans le discours du trône de 1878, n'a été déposé qu'à la veille des élections de 1884. Ce projet ne résolvait pas la question et aurait laissé la gauche divisée si elle fût restée au pouvoir. Le même dissentiment se serait révélé si le principe du service personnel avait été voté en 1887 par l'accord de la gauche et d'une partie de la droite. Il faut donc, pour aboutir, chercher une autre voie.

nitivement rayée de l'ordre du jour de la Chambre.

Pour sortir de cette impasse, il ne resterait plus alors que la ressource de former un cabinet extra-parlementaire avec la mission de résoudre les grandes questions d'intérêt national en dehors de toute préoccupation électorale, avec le concours d'une majorité composée d'éléments pris dans les deux partis, fallût-il, pour la constituer, recourir à des dissolutions répétées. Si une telle solution paraissait prématurée, si les hommes pour la mettre en œuvre faisaient défaut, peut-être pourrait-on encore, avant d'en venir là, tenter un autre expédient.

La droite et la gauche se mettraient simplement d'accord pour proclamer l'introduction dans l'armée du service personnel. Cela fait, elles désigneraient chacune huit représentants et quatre sénateurs, auxquels le Gouvernement adjoindrait huit officiers et quatre fonctionnaires civils. Ces trente-six membres formeraient une Commission qui serait chargée d'élaborer un projet de loi que les deux partis prendraient l'engagement d'appuyer ou de ne modifier que dans ses détails.

Si aucun de ces modes de solution n'avait chance de prévaloir, il ne resterait plus qu'à faire des vœux pour l'extension la plus large du suffrage (1), car l'échec de toutes ces tentatives aurait prouvé que ce n'est pas dans la classe des censitaires actuels que se rencontre le patriotisme le plus ardent. Cette remarque a été faite, il y a plus de quarante ans, par Léopold Ier : « Ce qui est à désirer pour ce pays,

---

(1) La *Commission du Travail*, instituée par l'arrêté royal du 15 avril 1886, a constaté que la classe ouvrière est très favorable au service personnel, et c'est pourquoi, dans son rapport, elle s'est prononcée pour l'adoption de cette réforme.

écrivait-il à J.-B. Nothomb (1), c'est un esprit national plus robuste, *qui existe dans le peuple*, mais qui est faible et partiel (*getheilt*) chez les classes élevées. »

S'il fallait, pour avoir un Parlement animé d'un esprit national plus intense et plus vigilant, reviser l'article 47 de la Constitution, le devoir des partisans du service obligatoire serait de se mettre immédiatement en campagne pour détruire les erreurs et les préventions qui ont fait jusqu'ici obstacle à l'adoption de cette réforme. On ne pourrait plus soutenir alors, comme le faisait le chef du Cabinet, dans la dernière session, que « le sentiment *du pays* n'est pas réellement acquis au service obligatoire. »

Le *pays*, ici, ce sont les cent vingt-huit mille Belges qui nomment les représentants et les sénateurs. Si ceux-là sont en majorité hostiles au service obligatoire, la faute en est surtout aux candidats et à la presse, qui n'ont rien fait pour les éclairer et les convertir.

Lorsqu'en 1846, par l'abolition des droits sur les grains, l'Angleterre ouvrit la voie au libre-échange, plusieurs économistes belges, sachant la nation opposée à cette réforme, s'imposèrent la tâche de lui faire connaître les avantages qui devaient en résulter. Des cercles de propagande furent créés dans plusieurs villes et de nombreuses conférences données dans tous les centres industriels et commerciaux du pays, par MM. Le Hardy de Beaulieu, Victor Faider et Charles de Brouckere. Ces conférences furent suspendues pendant la crise de 1848 et reprises en 1853 par les mêmes économistes, auxquels se joignirent MM. de Molinari,

____

(1) Lettre du 7 janvier 1846.

Arrivabene, Corr-Vander Maeren, Auguste Couvreur et Masson. Elles aboutirent au résultat désiré. Les erreurs et les préventions furent dissipées par la science, et la Belgique entra résolûment dans la voie féconde de la liberté commerciale.

Si après 1870 on avait fait la même propagande en faveur du service obligatoire, cette réforme serait depuis longtemps acceptée par la nation, comme l'a été la doctrine du libre-échange. Mais, bien peu de nos sénateurs, de nos députés, de nos journalistes, ont cherché à éclairer, à cet égard, les électeurs. Et lorsque, témoins navrés de cette profonde indifférence, un groupe d'officiers ouvrit, dans la *Belgique militaire*, une souscription pour répandre les écrits les plus favorables au service obligatoire, on se permit de les qualifier de *factieux* prêchant le mépris des lois et organisant des *pronunciamento.*

Si les officiers avaient, en outre, donné des conférences dans les principales villes du pays, comme l'ont fait récemment les officiers danois, pour démontrer à leurs compatriotes la nécessité de fortifier Copenhague (1), M. Woeste eût certainement demandé qu'on les mît en accusation.

Il est donc prouvé qu'en dehors de l'armée, presque rien n'a été fait pour préparer le corps électoral à l'abandon du détestable privilège du remplacement (2).

---

(1) A la fin de l'année 1886, les officiers danois avaient donné dans le pays 1,050 conférences qui ont exercé sur l'opinion publique une influence considérable.

(2) La cause du service obligatoire a été vaillamment et brillamment défendue dans la presse et dans des publications spéciales par MM. Banning, Hegener, Prins, Tempels et de Haulleville. Dans ces dernières années, quelques membres de la Législature, MM. Thonissen, Guillery, Pirmez, Hanssens, Van Schoor, Houzeau, Nothomb, d'Oultremont et Visart, ont prononcé dans le même sens d'excellents discours. L'armée leur en est reconnaissante.

Ce corps, formé exclusivement de citoyens appartenant aux classes élevées et moyennes, est-il réellement hostile à l'introduction du service obligatoire ? Les députés adversaires de cette réforme l'affirment (1), mais ils n'en fournissent pas la preuve. Les autres le nient et ils invoquent, à l'appui de leur opinion, les vœux émis en faveur du service obligatoire par six conseils provinciaux et par les conseils communaux des principales villes du pays, les nombreuses pétitions adressées à la Chambre pour réclamer l'abolition du remplacement, et les propositions faites par la *Commission du Travail*, qui a pu sonder les dispositions, à cet égard, d'un très grand nombre d'habitants des communes rurales et urbaines.

Dans la Commission mixte de 1871, qui vota la suppression du remplacement par 20 voix contre 4, le comte d'Aspremont-Lynden, depuis Ministre des Affaires étrangères, disait : « Rien ne prouve que le service obligatoire est antipathique à la nation, et quand même cela serait, c'est à nous (sénateurs et représentants) de dissiper les erreurs et les préjugés qui obscurcissent la nation. A cet égard, nous avons vis-à-vis de la nation un véritable apostolat à exercer. »

Au lieu de se vouer à cet apostolat, les mandataires de la nation ont laissé les erreurs et les préjugés

---

(1) Dans une récente entrevue d'un rédacteur de la *Réforme* avec M. Woeste, celui-ci répondit comme suit à la question : Le service personnel ne sera-t-il pas proposé dans la session prochaine? (On était à la veille de l'ouverture des Chambres.)

« Cette loi n'aurait aucune chance de passer ; on se mettrait d'accord sur le principe que l'on ne s'entendrait pas sur la formule à adopter. On se chamaillerait comme chiens et chats. MM. Frère, Nothomb et d'Oultremont ont passé leur temps en section centrale à se démolir mutuellement. Chacun s'efforçait de montrer les vices du système qui n'était pas le sien. Le service personnel ne réunirait pas vingt voix ! »

accomplir leur œuvre. Il en est même qui trouvent utile de les flatter pour obtenir des suffrages. C'est ce qu'ils appellent « rester dans le courant de l'opinion, et en communauté d'idées avec leurs mandants, » comme si le premier devoir du représentant et de la presse n'était pas d'éclairer l'opinion, et de la diriger quand elle s'égare. Sinon le mandat du député serait une honteuse abdication des convictions et de la volonté, et le journal, une indigne spéculation d'imprimerie.

A ceux qui prétendent qu'il sera sinon impossible, au moins très difficile de faire accepter par la nation un mode de recrutement contraire aux mœurs, aux usages et aux traditions des Belges, nous répondrons qu'ils connaissent bien mal l'histoire de leur pays. « Il résulte, en effet, des anciennes constitutions nationales que, dans toutes les provinces belgiques, un citoyen, quels que fussent son âge et son rang, pouvait toujours être contraint de prendre les armes pour la défense du territoire; jamais, au contraire, il ne pouvait l'être pour servir dans une armée qui devait faire la guerre offensive. L'obligation de défendre la Patrie était considérée par nos aïeux non comme une charge, mais comme une prérogative qui n'appartient qu'à un peuple libre (1). »

Si la génération actuelle ne parvient pas à secouer son marasme, si tous les efforts pour lui inspirer des idées plus hautes, des sentiments plus virils, doivent avorter, la situation présente durera et ira s'aggrayant, car il est de la nature d'un principe morbide d'étendre

---

(1) Général Guillaume : *Patria Belgica* ; Vandenpeereboom : *De la réforme du recrutement*, et Raepsaet : *Histoire des États-Généraux*. A Rome, sous la république, porter les armes n'était pas un *devoir* du citoyen, mais un *droit* ; *Jus militiæ*.

sans cesse ses ravages. Le devoir impérieux de servir personnellement le pays ne nous sera pas épargné pour cela, mais c'est sous le coup d'un désastre, au sein de la ruine peut-être de notre indépendance et de nos libertés, que nous la subirons. Il en sera alors de la Belgique comme de la France, où les mœurs, les usages, les préférences de la nation ont dû céder, au lendemain de la défaite, sous l'impérieuse loi de la nécessité (1). Encore une grande puissance ne périt-elle pas tout entière dans une crise, tandis que les catastrophes des petits États marquent souvent la fin de leur existence.

Si la réforme qui, appliquée à temps, aurait pu nous sauver nous était un jour imposée, comme l'a été la conscription, par un conquérant, la postérité aurait le droit de foudroyer nos sybarites de cette sanglante apostrophe qu'adressa, en 1872, un écrivain français aux représentants de son pays (2) :

« Ah ! les députés de la majorité repoussaient le service obligatoire ; ils craignaient d'armer la nation ; ils ne voulaient pas risquer la peau de leurs fils ; le peuple seul devait se battre pour défendre leurs pensions, leurs châteaux, leurs propriétés de toutes sortes ; misérables égoïstes !... Ils sont la cause de notre ruine ; on devrait afficher leurs noms dans

---

(1) M. Thiers, qui présenta et fit voter, comme Président de la République, le projet de loi qui applique à l'armée française le mode de recrutement des Allemands, avait dit peu de jours avant la guerre : « Vous voulez le système prussien. Je dis que ce serait l'abolition de la force publique en France. Notre pays descendrait dans le rang des nations si vous organisiez ainsi son armée. »

Nous souhaitons que nos députés qui ont le plus violemment attaqué le service obligatoire montrent la même abnégation patriotique sans qu'ils y soient contraints par l'écrasement de leur pays, comme l'a été l'illustre homme d'État français.

(2) Erckmann-Chatrian : *Le Plébiscite.*

toutes les communes pour apprendre à nos enfants à les maudire ! »

Les représentants du peuple belge épargneront à leur pays et à eux-mêmes cette honte et cette flétrissure, en ne suivant que les inspirations de leur patriotisme. Mais sont-ils à la veille de prendre les viriles résolutions que la situation réclame ?

Il est permis d'avoir à cet égard des doutes sérieux. Lorsque, il y a peu de jours, le comte d'Oultremont avertit la Chambre qu'il présentera dans le courant de l'année 1889 un nouveau projet de réforme militaire, fondé sur le principe du service obligatoire, la presse catholique qualifia cet acte patriotique de trahison, accusa l'honorable député de vouloir disloquer la droite et lui annonça qu'aux prochaines élections il devra céder la place à un candidat plus patient, plus discipliné.

En même temps M. Woeste se remit à sonner la cloche d'alarme des cercles catholiques. Une nouvelle levée de boucliers est en préparation de ce côté. On peut donc prévoir que « les bons amis de nos ministres » les sommeront bientôt de jeter une seconde fois le comte d'Oultremont par-dessus bord, pour maintenir leur barque à flot. Que fera le Cabinet ? Que fera surtout le Ministre de la Guerre, partisan déclaré du service personnel ? L'armée, anxieuse, le saura bientôt. M. Woeste le sait peut-être déjà.

RÉORGANISATION DE L'ARMÉE

La question militaire ne serait pas résolue si l'on supprimait purement et simplement l'odieux privilège du remplacement, car l'organisation de l'armée est défectueuse et son effectif de guerre insuffisant. Avec le contingent annuel de 13,300 hommes et treize classes de milice, on ne pourra pas même atteindre cet effectif, qui est de 130,000 hommes. Le Gouvernement soutient, il est vrai, le contraire, mais il prend pour base de ses calculs les résultats que produisent les revues annuelles des miliciens en congé illimité ; or ces résultats sont incomplets, puisque les miliciens de dix classes seulement se présentent aux revues et qu'on n'est pas fixé sur ce que donneront les trois plus anciennes classes. On n'est pas certain non plus que les miliciens, en si grand nombre, qui sont à l'étranger (1), quitteront leurs travaux et leur famille quand on les rappellera pour faire la guerre. Ces miliciens se présentent tous aux revues annuelles *en temps de paix*, parce qu'elles leur fournissent une occasion de revoir leurs parents et amis, et que, s'ils y manquaient, ils ne pourraient plus venir en Belgique sans être arrêtés

(1) Dans le département du Nord, il y a 270,000 Belges. Dans toute la France, 440,000. Un très grand nombre de miliciens sont employés comme travailleurs à Lille, Roubaix, Tourcoing, Valenciennes et autres villes industrielles.

et rappelés sous les armes pour un terme de un à six mois.

Faisons remarquer aussi que dans les évaluations numériques basées sur les listes de présence aux revues, on ne tient pas compte des hommes qui, depuis leur envoi en congé illimité, sont devenus impropres au service.

Il serait donc téméraire d'affirmer que la mobilisation nous donnerait 130,000 hommes présents aux corps et dans les services auxiliaires de l'armée (1), surtout si l'on considère que nous n'aurons que très peu de temps pour cette opération, le territoire belge pouvant être envahi par les Allemands ou les Français huit jours après la déclaration de guerre et, dès le deuxième ou troisième jour, par leur cavalerie indépendante. En 1870, il nous a fallu un mois pour atteindre l'effectif maximum, bien que rien n'eût contrarié le rappel des miliciens ni leur envoi aux dépôts. Sans doute les moyens qu'on mit alors en action pour mobiliser l'armée étaient défectueux et ont été améliorés depuis. Sans doute aussi le rappel des miliciens et leur envoi aux dépôts se feront désormais avec plus de méthode et de célérité, mais ne perdons pas de vue que plus un mode de rappel est expéditif et ingénieux, plus il est à craindre qu'un incident ou un accident imprévu y jette du désordre et donne lieu à des déceptions.

Supposons cependant qu'après huit jours nous ayons 130,000 hommes présents aux corps et dans les services accessoires; cet effectif suffira-t-il pour

(1) Pour avoir ce nombre, il faudra évidemment déduire de l'effectif renseigné sur les listes des chefs de corps et des commandants de district, les hommes qui, au moment de la mobilisation, seront dans les hôpitaux, en prison, en prévention, dans les compagnies de correction et les compagnies sédentaires.

défendre efficacement le pays? Non, car il faut tenir compte des pertes que produiront les marches, les maladies, la désertion et les premiers combats.

« Si l'armée, disait le général Renard en 1878, ne possède rien pour parer à ces pertes inévitables, ses cadres en peu de jours présenteront des vides énormes (1). »

Pour maintenir son effectif au complet, elle doit donc avoir une réserve de recrutement. Or cette réserve n'existe pas chez nous. Afin de la créer, il faudrait augmenter le contingent de l'armée et rayer de la loi sur la milice l'article qui exempte du rappel les hommes mariés et les veufs avec enfants des 9e, 10e, 11e, 12e et 13e classes (2). Cette exemption n'existe, du reste, dans aucun autre pays. En Allemagne, en Autriche, en France, en Espagne, en Italie, en Russie, en Roumanie, dans les Pays-Bas, partout, les hommes mariés et les veufs restent soumis aux obligations de service des classes de milice dont ils font partie. Nous sommes seuls à ne pas vouloir admettre qu'un père de famille a plus d'intérêt qu'un célibataire à défendre l'ordre intérieur et l'indépendance nationale. Et, par une inconséquence singulière, nous soumettons cependant au rappel les hommes mariés des 8e, 7e, 6e et 5e classes, dont le nombre s'élevait, en 1870, à 12 p. c. (3).

(1) « Pour avoir une armée mobile de première ligne de 300,000 hommes, disait le général Ricotti, Ministre de la Guerre en Italie, il faut que la somme totale des contingents s'élève à 500,000 hommes, dont 100,000 pour les déchets inévitables et 100,000 pour former la réserve de recrutement. »

(2) D'après le département de la guerre, le nombre des mariés des 9e et 10e classes s'élève à 57 p. c.; c'est un minimum, car bien des hommes négligent d'informer de leur mariage le corps auquel ils appartiennent.

Le nombre des mariés des 11e, 12e et 13e classes n'est pas connu; il s'élève vraisemblablement à 70 p. c.

(3) Aujourd'hui le mariage est permis aux miliciens dès qu'ils sont envoyés en congé illimité, donc, pour la plupart, après trois années de service.

Nous verrons plus loin quel devrait être l'effectif de guerre de notre armée.

Pour atteindre cet effectif et le maintenir au complet, deux moyens se présentent : augmenter le contingent annuel afin d'avoir, au moment de la mobilisation, un excédent, de un cinquième environ, à verser dans les dépôts pour former une réserve de recrutement, ou bien mettre à la disposition du Gouvernement tous les jeunes gens en âge de milice, propres au service militaire.

Le premier mode de recrutement constitue le *service personnel*, et le second, le *service obligatoire pour tous*. Celui-ci a été généralement préféré parce qu'il répartit plus équitablement les charges militaires et produit des armées plus nombreuses.

Il est à remarquer cependant que dans tous les pays où règne le service obligatoire — excepté en Suisse — les citoyens aptes au service sont incorporés les uns dans l'armée active, les autres dans l'armée inactive ou territoriale ; or il y a une énorme différence entre les fatigues, les privations et les dangers auxquels sont exposés les hommes de ces deux portions du contingent. Les uns doivent soutenir tout le poids de la guerre de campagne qui, aujourd'hui plus que jamais, décide du sort des États, tandis que les autres n'entrent en action que lorsque le territoire est envahi, et alors même ils n'exposent leur vie que dans les places assiégées, dont le nombre est beaucoup plus restreint de nos jours qu'il ne l'était autrefois.

Faisons remarquer aussi que les hommes de l'armée active doivent, en temps de paix, servir trois ans et, dans quelques pays, plus longtemps ; tandis que ceux de l'armée territoriale ne sont astreints qu'à un temps de service variant, suivant les pays, de 5 à 12 mois (1).

L'égale répartition des charges militaires, invoquée en faveur du *service obligatoire*, n'existerait donc que si tous les citoyens étaient astreints aux mêmes exercices en temps de paix, aux mêmes fatigues et aux mêmes dangers en temps de guerre. Mais ce mode de recrutement causerait la ruine des États, à moins qu'on ne limitât, comme en Suisse, la durée du service en temps de paix, au point de n'avoir plus que ces armées de milice dont Washington disait : « S'appuyer sur elles, c'est s'appuyer sur un bâton brisé. »

N'admettant pas qu'une pareille armée convienne à la Belgique, qui peut avoir à combattre les excellentes troupes de la France et de l'Allemagne, et jugeant, d'autre part, que 150,000 à 160,000 *bons soldats* — tenus au complet pendant la durée de la guerre — suffisent pour défendre efficacement l'indépendance

(1) En Allemagne, la deuxième portion du contingent, qui constitue la réserve de recrutement de l'armée active (*Ersatz reserve*), n'est soumise pendant ses douze ans de service qu'à trois périodes d'exercice de dix, six et quatre semaines. Elle est classée ensuite dans la réserve de la *landwehr* (*Landwehr II*). La partie de l'*ersatz reserve*, qui n'a reçu aucune instruction militaire, est versée, après sa douzième année, dans la troisième portion du contingent (*Landsturm I*). Elle n'est astreinte en temps de paix à aucun service ni à aucune revue d'appel.

En France, la deuxième portion du contingent n'est soumise qu'à un service de six mois à un an. La nouvelle loi, qui n'est pas encore en vigueur, astreint tous les jeunes gens en état de porter les armes à un service de trois ans, mais avec la faculté pour le Gouvernement de renvoyer, après un an de service, ceux qui ont montré le plus d'aptitude. Cette faculté et celle (imposée par les exigences budgétaires) de dispenser un grand nombre de miliciens pour des raisons de position et de famille, ouvre une large porte à la faveur et rétablit en fait, sinon en droit, la seconde portion du contingent, créée par la loi de 1872.

Dans tous les autres pays soumis au régime du service obligatoire, excepté en Suisse, on est, pour des raisons de finance, obligé de donner un croc-en-jambe au principe d'égalité, en admettant dans l'armée territoriale des citoyens ayant peu ou point d'instruction militaire.

et la neutralité du pays, nous proposerons une organisation d'armée fondée sur le principe du *service personnel*.

En vue de répartir le plus équitablement possible les charges que doit s'imposer le pays, les citoyens non incorporés seraient soumis à une *taxe militaire* et tenus de servir pendant douze ans dans la garde civique, institution arriérée, sans doute, mais que la Constitution nous oblige à maintenir et qui ne pourrait logiquement coexister avec une armée fondée sur le principe du *service obligatoire pour tous*. La garde civique servirait en temps de paix à maintenir l'ordre dans les communes, de concert avec la police et la gendarmerie, dont elle formerait la réserve. En temps de guerre elle préserverait les communes des violences et des exactions des partis ennemis. Dans les places fortes elle concourrait avec la garnison à une partie du service, et dans les communes frontières, elle prendrait part aux opérations de la mobilisation.

Avant de déterminer le chiffre du contingent annuel, voyons comment devrait être organisée l'armée pour répondre à tous les besoins de la défense nationale.

Actuellement l'effectif de guerre est de 130,000 hommes, fournis par treize classes de milice. 70,000 hommes forment l'armée en campagne et 60,000 l'armée des forteresses.

Comparativement aux forces dont disposent les autres États de l'Europe, l'effectif de 70,000 hommes (représentant deux corps d'armée et deux brigades de cavalerie indépendante) n'est pas suffisant. La Belgique devrait avoir trois corps d'armée et trois brigades de cavalerie indépendante, formant un effectif total de 91,000 hommes, car des États moins riches et moins peuplés qu'elle, la Bavière, le Portugal et la Roumanie, s'imposent de plus lourdes charges.

La Bavière, dont la population est de 5,285,000 âmes, a une armée qui, sur le pied de guerre, compte 150,000 combattants. Elle se compose de 110 bataillons, dont 34 de landwehr, de 66 escadrons dont 16 de garnison, de 42 batteries de campagne, de 16 compagnies d'artillerie à pied et de 15 compagnies du génie.

Le Portugal, avec une population inférieure d'un tiers à la nôtre (4,307,000 habitants), a une armée de 125,000 hommes, comprenant 36 régiments d'infanterie, 10 régiments de cavalerie, 42 batteries d'artillerie de campagne et 13 compagnies du génie.

La Roumanie, dont la population est de 5,376,000 âmes, a quatre corps d'armée, comprenant 120 bataillons, 60 escadrons, 48 batteries et 20 compagnies du génie, plus une division de cavalerie indépendante de 16 escadrons : total 150,000 hommes et 288 bouches à feu. Elle a en outre une *milice* composée de 32 régiments d'infanterie et une *levée en masse* dont l'effectif n'est pas définitivement arrêté (1).

Nous ne demandons pas que la Belgique mette sur pied en temps de guerre une armée aussi forte. Avec trois corps d'armée, sa situation serait suffisamment bonne. Deux corps et demi formeraient l'armée active et une division occuperait le camp retranché d'Anvers. La défense des places fortes exigerait, outre cette division, 64,800 hommes de troupes sédentaires.

(1) La durée du service dans l'armée permanente est de trois ans. Les soldats font ensuite partie de la réserve jusqu'à l'âge de trente ans. De trente à trente-six ans, ils servent dans la milice.

Voici quelle serait la composition de cette armée :

Troupes actives.

2 corps d'armée et 2 divisions mixtes, dont l'une formerait la réserve mobile du camp retranché d'Anvers. Les divisions auraient 2 brigades, 4 régiments, 12 bataillons.

1 division de cavalerie indépendante. Elle aurait 3 brigades, 6 régiments, 24 escadrons.

6 régiments de cavalerie divisionnaire à 4 escadrons.

2 régiments d'artillerie de corps à 9 batteries, dont 3 à cheval.

3 régiments d'artillerie divisionnaire à 8 batteries.

2 compagnies de pontonniers.

1 régiment du génie à 3 bataillons de 4 compagnies.

1 compagnie de chemins de fer et 1 compagnie de télégraphistes de campagne.

8 1/2 compagnies du train.

La première partie du bataillon d'administration.

Troupes sédentaires.

Garnison d'Anvers. — Outre la division active, composée de 12 bataillons, de 4 escadrons et de 4 batteries montées — division qui dans certains cas rejoindrait l'armée en campagne (1) — la garnison comprendrait 20 bataillons d'infanterie de réserve, 50 batteries de place, 3 compagnies spéciales d'artillerie (artificiers, armuriers, ouvriers), 10 compagnies du génie dont 3 spéciales (télégraphistes de place et artificiers, pontonniers de place et ouvriers), 1 1/2 compagnie du train et la seconde partie du bataillon d'administration.

Garnison de Termonde. — 5 bataillons, 1 escadron, 7 batteries de place et 2 compagnies du génie.

---

(1) Ce cas se présenterait si l'armée acceptait la bataille sous la protection immédiate de la position d'Anvers, près de Malines ou de Herenthals, par exemple.

Garnison de Diest. { 4 bataillons, 1 escadron, 5 batteries de place et 2 compagnies du génie.

Garnison de Liège. { 4 bataillons dans les forts et 6 en réserve, 1 escadron, 10 batteries de place et 2 compagnies du génie.

Garnison de Namur. { 3 bataillons dans les forts et 6 en réserve, 1 escadron, 8 batteries de place et 2 compagnies du génie.

Nous ouvrons ici une parenthèse pour faire remarquer que notre évaluation de l'effectif des garnisons de Liège et de Namur est notablement inférieure à celle produite par un journal spécial, cité récemment à la Chambre des Représentants.

Ce journal, en effet, porte à 25,000 hommes la garnison de sûreté de Liège et à 19,000 hommes celle de Namur. Pour justifier ces chiffres élevés, l'auteur prétend qu'indépendamment d'une réserve centrale, qu'il évalue à une brigade, Liège réclame douze bataillons pour surveiller les intervalles des forts, et Namur, neuf bataillons.

« Ces bataillons, dit-il, s'établissent en capitale des forts. En cas d'attaque de la position, chaque bataillon reçoit la mission de soutenir le point d'appui dont il complète la surveillance. Le bataillon forme la réserve extérieure du fort, lorsque celui-ci est menacé. »

L'auteur perd complètement de vue que Liège et Namur ne sont pas des places à camp retranché, qui doivent pouvoir se suffire à elles-mêmes pendant toute la durée d'un long siège, mais bien des têtes de pont, que l'armée belge tout entière ou une fraction importante de cette armée occupera aussitôt que nos postes d'exploration auront annoncé l'approche d'un corps ennemi. Cette nécessité stratégique et politique ne sera contestée que par ceux qui s'imaginent que l'armée belge ne doit ou ne peut combattre que dans des positions rapprochées d'Anvers. Si, en présence des devoirs que lui impose la défense de la neutralité, cette armée s'attribuait un rôle aussi pusillanime, ou si, retirée dans sa grande position militaire, elle attendait, pour prendre parti en faveur de l'un des belligérants, que l'autre eût montré son infériorité, le pays serait perdu, car ayant manqué au premier de ses devoirs, qui est d'empêcher ou de retarder l'invasion, il cesserait d'avoir droit à une existence autonome. Or il va de soi que si Liège et Namur ne peuvent être attaquées sans que nos forces actives y soient réunies pour repousser l'assaillant, il n'est pas nécessaire d'y établir à l'avance $12 + 9$ bataillons pour surveiller les 21 intervalles des forts.

Cette surveillance et les reconnaissances extérieures seront suffisamment assurées par la brigade mobile que nous proposons de donner à chaque tête de pont.

Aucune surprise de ces positions n'est d'ailleurs à craindre, puisque l'armée en campagne se concentrera à proximité de l'une et de l'autre, et que notre cavalerie surveillera la frontière aussitôt que la France et l'Allemagne seront en état de guerre.

D'après la répartition des forces indiquée plus haut, l'armée sur le pied de paix comprendrait :

24 régiments à 3 bataillons, avec 2 cadres de bataillons de réserve. Un de ces cadres serait employé, en temps de paix, aux opérations de la mobilisation; l'autre suppléerait les officiers manquants ou détachés.

12 régiments de cavalerie à 4 escadrons.

5 régiments d'artillerie de campagne, 2 à 9 batteries et 3 à 8 batteries.

5 régiments d'artillerie de place à 16 batteries dont 2 de réserve.
5 compagnies spéciales d'artillerie.
2 compagnies de pontonniers de campagne.
5 compagnies spéciales du génie.
1 régiment du génie de campagne à 3 bataillons de 4 compagnies.
1 régiment du génie de place à 3 bataillons de 5 compagnies dont
1 de réserve.
2 bataillons du train à 5 compagnies.
1 bataillon d'administration.

Effectif de guerre des troupes actives.

24 régiments d'infanterie . . .	24 × 2,730 ou	65,520 hommes.
12 » de cavalerie . . .	12 × 691	8,292 »
2 » d'artillerie de corps	2 × 1,545	3,090 »
3 » d'artillerie divisionnaire	3 × 1,333	3,999 »
2 compagnies de pontonniers.	2 × 250	500 »
1 régiment du génie de campagne		2,710 »
2 compagnies spéciales du génie	2 × 225	450 »
8 1/2 compagnies du train . .	8.5 × 500	4,500 »
La 1re partie du bataillon d'administration. .		1,850 »
TOTAL. . .		90,911 hommes.

Effectif de guerre des troupes inactives ou de garnison.

48 bataillons non enrégimentés .	48 × 903 ou	43,344 hommes.
5 régiments d'artillerie de place.	5 × 2,922	14,610 »
3 compagnies spéciales d'artillerie. . .		882 »
1 régiment du génie de place		3,383 »
3 compagnies spéciales du génie		675 »
1 1/2 compagnie du train		750 »
La deuxième partie du bataillon d'administration		1,150 »
TOTAL. . .		64,794 hommes.
TOTAL PRÉCÉDENT. . .		90,911 »
TOTAL GÉNÉRAL. . .		155,705 hommes.

A ce total il faut ajouter :

1° Les sous-officiers, caporaux, ouvriers et soldats employés dans les magasins et ateliers des dépôts . . . .   3,300 hommes.

2° Les hommes qui au moment de la mobilisation se trouvent dans les hôpitaux, en prison, en prévention, dans les compagnies de correction et les compagnies sédentaires. Leur nombre peut être estimé à (1)   2,500   »

3° Les gendarmes miliciens   570   »

$$\text{TOTAL.} \quad 6{,}370 \text{ hommes.}$$

Ce total étant inférieur de 2,000 à celui des volontaires purs (2), les classes de milice auraient à fournir 155,705 — 2,000 ou 153,705 hommes, pour atteindre l'effectif de guerre de l'armée.

Toutes les troupes, à l'exception des 48 bataillons de forteresse, des 10 batteries de place de réserve, des 3 compagnies du génie de réserve, de 901 hommes du train (3) et de 1,256 hommes du bataillon d'administration (4), c'est-à-dire 47,996 hommes, seraient fournies par 7 classes de milice.

La 8ᵉ servirait de réserve de recrutement ; les 9ᵉ, 10ᵉ, 11ᵉ et 12ᵉ formeraient l'armée inactive ou de garnison.

La force numérique des contingents annuels serait donc déterminée par la nécessité d'atteindre le chiffre de 153,705 — 47,996 ou, en chiffres ronds, de 106,000 hommes avec 7 classes, déduction faite des déchets.

A quel taux s'élèveraient ces déchets ?

(1) En 1870 il y avait dans les hôpitaux 1,530 hommes, en jugement 338 et condamnés 626.

(2) L'armée compte actuellement 8,400 volontaires purs en solde et hors solde. Ce nombre diminuera quand le contingent sera augmenté.

Le nombre des volontaires purs de la gendarmerie est d'environ 1,800.

(3) 7 contingents de 165 moins 22 pour cent de déchets.

(4) 7 contingents de 230 moins 22 pour cent de déchets.

Nous pouvons, pour répondre à cette question, nous appuyer sur un résultat d'expérience bien plus concluant que les calculs théoriques faits à diverses époques et communiqués à la Chambre par les chefs du département de la guerre. Ce résultat est celui qu'a produit la mobilisation de 1870. Le rapport du général Guillaume constate que le maximum de l'effectif n'a été atteint qu'un mois après l'expédition des ordres de rappel, et que les huit moins anciennes classes de milice, dont la force à l'incorporation était de 104,000 hommes, n'ont produit que 72,613 hommes, ce qui correspond à un déchet de trente pour cent.

Nous reconnaissons que depuis lors on a pris d'excellentes mesures pour diminuer le déchet provenant de la non-réception des ordres de rappel, et pour hâter l'arrivée des miliciens aux dépôts des corps; mais nous ferons remarquer :

1° Que dans les déchets de 1870 il n'a pas été tenu compte des hommes devenus impropres au service depuis leur envoi en congé illimité, nombre qui, en Italie, est évalué à quatre pour cent, en Allemagne à cinq ou six pour cent;

2° Qu'aucun incident ni accident n'est venu troubler les opérations de la mobilisation.

N'y aurait-il pas dès lors imprudence à compter sur une forte réduction des déchets constatés en 1870, si nous devions rappeler toutes nos classes au moment où la guerre éclaterait entre la France et l'Allemagne?

Si, déduction faite des hommes présents, devenus impropres au service, nous n'avions à constater dans ce cas qu'un déchet de vingt-deux pour cent, nous pourrions nous estimer fort heureux, car en

Allemagne les déchets sur sept classes de milice sont, d'après des documents officiels, évalués à vingt-cinq pour cent, en France à trente-deux pour cent (1) et en Autriche à vingt-neuf pour cent (2).

C'est donc ce chiffre minimum que nous prendrons pour base du calcul de la force des contingents.

D'après cette base il faudrait, pour avoir 106,000 hommes (en rappelant les mariés), porter le contingent annuel à 20,000 hommes. Il y aurait alors un excédent de 3,200 hommes qui, joints aux 15,600 hommes de la 8ᵉ classe (déduction faite de vingt-deux pour cent de déchets), formeraient une réserve de recrutement de 18,800 hommes.

Les déchets des 9ᵉ, 10ᵉ, 11ᵉ et 12ᵉ classes pouvant être évalués au minimum à trente-deux pour cent (3), ces classes produiront 54,040 hommes. Or l'armée inactive ne doit, pour être mobilisée, emprunter à ces classes que 47,996 hommes ; il y aura donc un excédent de 6,404 hommes, à verser dans les dépôts.

Les miliciens, dans toutes les armes, seraient astreints à un service de trois ans, qui pourrait être réduit de moitié et même des deux tiers pour ceux qui, s'étant préparés avant leur entrée au service, prouveraient, après un an ou dix-huit mois de présence sous les drapeaux, qu'ils possèdent l'instruction et les qualités militaires requises.

(1) Au mois de mai 1877 les classes de 1862 à 1868 de l'armée territoriale furent rappelées sous les armes, et l'on constata à cette occasion trente-trois pour cent de déchets.

(2) On nous assure que les calculs d'effectifs faits au département de la guerre sont basés sur treize pour cent de déchets, chiffre évidemment inexact.

(3) En Allemagne, on évalue à cinquante et un pour cent les déchets des cinq classes qui forment la *landwehr*. Dans d'autres pays, on les évalue à trente-trois et trente-cinq pour cent.

Dans l'intérêt des hautes études et des vocations utiles, il serait accordé soit des dispenses conditionnelles n'astreignant ceux qui les obtiendraient qu'à un an de présence effective sous les drapeaux, soit, comme dans la nouvelle loi française, des sursis et des devancements d'appel de 1 à 3 ans.

Les miliciens en congé illimité seraient rappelés sous les armes trois fois pour une durée de vingt-huit jours, à l'époque des manœuvres d'automne, la sixième, la neuvième et la douzième année.

Ces rappels successifs sont nécessaires pour que la réserve de l'armée ne devienne pas inapte au service militaire. Ils étaient imposés par la loi de milice du 3 juin 1870 (1), conforme, en ce point, aux lois antérieures. Mais ils causaient préjudice et dérangement aux hommes rappelés ; cela suffit pour décider M. Malou à proposer, en 1873, une loi supprimant les rappels successifs. Cette loi fut votée peu de jours après celle qui réorganisait l'armée ; elle est encore en vigueur (2). Nous avons donc actuellement des classes de milice qui, au moment de la mobilisation, ne connaîtront plus rien — peut-être pas même les armes qu'elles auront à manier, — n'ayant pas fait une heure de service depuis leur envoi en congé illimité ! C'est la plus déplorable mesure qui ait été prise à l'égard de l'armée depuis 1830. M. Malou, ayant à la justifier, en 1878, se contenta de dire : « La suppression des rappels des classes de milice en congé illimité, *sans être un mal pour*

---

(1) D'après cette loi, les miliciens de l'infanterie, à l'exception de ceux des grenadiers et des carabiniers, étaient rappelés trois fois ; les miliciens qui servaient pendant trois ans étaient rappelés deux fois, et ceux qui servaient pendant quatre ans, une seule fois.

(2) La loi sur la milice porte la date du 18 septembre.

l'armée, est un grand soulagement pour les familles. »

Eh bien, *ce grand soulagement*, nous proposons de le remplacer par ce qui existait avant 1873, c'est-à-dire par un *grand devoir*, le devoir pour les miliciens en congé de venir de trois en trois ans prendre part à des manœuvres d'automne pour conserver leurs aptitudes et leurs qualités militaires.

Le service personnel, appliqué à l'armée belge réorganisée, aurait donc pour résultat d'incorporer annuellement dans cette armée 20,000 jeunes gens, c'est-à-dire un peu plus du tiers de ceux qui prennent part au tirage (1).

Les jeunes gens qui amèneraient ce que dans les États peu militaires on appelle un *bon numéro*, ne les astreignant à aucun service militaire, et ceux qui, du fait d'une dispense, d'une exemption ou d'une réforme, ne seraient pas appelés sous les armes, paieraient leur dette à la patrie d'une autre manière. Ils auraient à verser au trésor pendant douze ans une *taxe militaire*, en vertu du principe que l'État a le droit d'exiger des citoyens qui ne paient pas leur dette à la défense nationale sous la forme d'une prestation personnelle, qu'ils l'acquittent sous la forme d'un impôt.

La taxe à payer par ceux qu'on n'incorporerait pas dans l'armée serait calculée d'après les bases admises dans d'autres États. Elle produirait plus en Belgique que dans les pays où le recrutement est fondé sur le principe du service obligatoire pour tous, par la raison que chez nous la proportion des

(1) Le nombre des jeunes gens qui ont pris part au tirage en 1887 a été de 55,300, dont 4,000 ont été exemptés définitivement et 9,000 ajournés pour un an. Ce nombre augmentant d'année en année, la proportion de jeunes gens appelés sous les armes diminuera graduellement.

imposés serait beaucoup plus grande. On répartirait la taxe de manière à lui faire produire annuellement six millions. N'en seraient exempts que les indigents et les infirmes. Les ouvriers paieraient une taxe fixe, équivalente au prix de deux journées de travail, et les autres citoyens seraient imposés d'après leurs revenus ou leur fortune (1).

En même temps qu'on créerait cet impôt, dont bénéficierait le budget de la guerre, on exonérerait le trésor de l'obligation de payer chaque année quatre millions aux familles des miliciens appelés sous les drapeaux. Cette rémunération a été proposée et votée, il y a dix ans, sous le ministère de M. Malou. Elle ne se paie qu'en Belgique, seul pays où l'on considère le service militaire non comme un devoir civique dont l'accomplissement fait honneur au citoyen, mais comme une charge lui causant préjudice et donnant droit à une indemnité. Une pareille mesure ne pouvait être prise que par des législateurs si peu accessibles aux sentiments militaires que, dans la loi sur la milice, ils ont inséré un article infligeant comme pénalité, dans certains cas (l'abstention aux revues annuelles), non pas l'amende ou la prison, mais le rappel sous les drapeaux pour une durée de un à six mois.

Lorsque la nation aura adopté le service personnel, elle n'admettra plus que la présence sous

---

(1) En Suisse, la taxe personnelle n'est que de six francs l'an. En Autriche, les exemptés sont rangés en quatorze classes, dont la plus élevée paie cent florins. En Allemagne, la taxe personnelle est de quatre marcs et la taxe supplémentaire varie de dix à cent quarante marcs. Si le revenu imposable dépasse six mille marcs, la taxe supplémentaire est de trois pour cent. En France, la taxe militaire se compose d'une taxe fixe de six francs et d'une taxe proportionnelle égale au montant en principal de la cote personnelle et mobilière de l'assujetti.

les drapeaux soit considérée comme une *calamité* pour les familles et que le service militaire puisse être assimilé à une *peine*.

Les quatre millions affectés à la rémunération viendraient s'ajouter annuellement aux six millions que produirait la taxe militaire, et l'on pourrait ainsi doter le pays de l'organisation rationnelle indiquée plus haut, sans imposer de nouvelles charges au trésor. Mais alors même que cette organisation exigerait des contribuables un supplément de sacrifices, ce ne serait pas une raison de la condamner, car la Belgique est un des États les moins imposés de l'Europe et celui qui consacre à sa défense la plus faible partie de ses recettes. Cette part n'est que de 14 1/2 p. c., tandis que pour les autres pays, elle varie de 15 2/10 à 41 7/10 p. c. (*voir* l'annexe nº 2).

Il existe chez nous en cette matière une si forte tendance à la parcimonie, qu'il est utile de rappeler souvent que les charges militaires des États doivent se proportionner aux périls de leur situation et à la volonté qu'ils ont de conserver leur indépendance et leur autonomie.

C'est ce que firent, à la Chambre, il y a peu d'années, deux membres distingués de notre Parlement, appartenant l'un au parti catholique, l'autre au parti libéral. Voici le langage qu'ils tinrent sous l'inspiration de la raison et du patriotisme.

M. DE NAYER :

« Quand il s'agit de dépenses relatives à notre établissement militaire, c'est-à-dire à la garantie de notre indépendance, la question financière devient secondaire. Quand il s'agit de la défense du pays, l'utile se confond avec le nécessaire, et l'utilité une fois reconnue, il n'y a plus d'autres limites que le possible, car il s'agit là d'une question de vie et de mort. Il y a dans la vie publique, comme dans la vie privée, de dures nécessités auxquelles il faut savoir se soumettre, sous peine d'endurer des malheurs encore plus affreux. »

M. Victor Tesch :

« On dit que notre système militaire est ruineux. Je voudrais qu'il le fût un peu plus. Je le dis très sérieusement.

» Y a-t-il dans une autre partie du monde trois millions d'hectares qui représentent, sous tous les rapports, autant de richesses que la Belgique, en population, fertilité du sol, capitaux, etc. ! Cependant la Belgique paie moins pour son organisation militaire, pour sa défense, qu'aucune des autres nations. Si nous nous ruinons si fort, quelle doit être la situation de la France, quelle doit être la situation de l'Allemagne? Tous ces pays ne sont pas si riches que nous, et cependant les charges militaires y sont beaucoup plus fortes.... Je voterai tous les projets présentés par le gouvernement; je ne refuserai à ceux qui sont chargés de veiller à notre indépendance ni un sou ni un homme pour défendre le pays. »

Voilà des paroles qu'il serait salutaire de faire entendre encore du haut de la tribune nationale! Jamais elles ne sauraient être plus opportunes.

« Les petits États, écrivait naguère un diplomate, sont avertis aujourd'hui qu'ils ne trouveront d'appui sérieux près d'aucune grande puissance, quelque intérêt qu'elle puisse avoir elle-même à leur conservation. C'est sur leur propre énergie qu'ils doivent compter pour défendre leur indépendance, qui importe à l'Europe entière. Les États neutres ont des devoirs nouveaux ; leur inaction seule serait une complicité avec les armées qui voudraient violer leur territoire.

» .... Parmi les petits États, la Belgique, particulièrement exposée à une agression, a une tâche difficile ; défendre sa neutralité, ce n'est pas seulement assurer son indépendance, c'est accomplir le devoir que lui a imposé la conférence de Londres en la reconnaissant, c'est fermer une route militaire importante et limiter le champ de bataille dans l'intérêt de la paix générale (1). »

En remplissant ce devoir, l'armée pourra subir des échecs, la Belgique pourra encore traverser des crises graves, mais, après la guerre, si le Gouvernement est en mesure de prouver que le pays a fait pour sa défense les sacrifices nécessaires, qu'il n'a été sous ce rapport inférieur à aucun autre État, il pourra hautement revendiquer le droit souverain de son indépendance, puisqu'il n'aura manqué à aucun de ses devoirs, ni envers lui-même, ni envers l'Europe. Il en serait tout autrement si à la Belgique, vaincue et occupée par l'un des belligérants, on était en droit de dire : Votre armée, trop faible, mal organisée et mal recrutée, n'a pu jouer le rôle qui lui incombait d'empêcher l'invasion ou d'entraver tout au moins la marche de l'envahisseur. En vous soustrayant aux charges inséparables de la

---

(1) Etude publiée dans la *Revue bleue* en 1888. L'auteur cite à l'appui de sa thèse une déclaration faite par lord Derby en 1867 et les opinions émises plus récemment par les principaux journaux de l'Angleterre, notamment le *Standard*, organe officieux du Cabinet actuel. Tous sont d'accord pour dire que l'Angleterre ne se mettra pas une grande guerre sur les bras pour venir en aide aux Belges dans le cas où les Allemands ou les Français violeraient leur neutralité ; mais tous aussi admettent avec sir Charles Dilke que « si la Belgique voulait prendre des mesures préventives en vue de sa défense, elle serait respectée. »

Dilke ajoute : « Mais elle n'en fera rien, » assertion à laquelle il est urgent que le Gouvernement et la Législature donnent un démenti par des actes et non par des paroles seulement.

mission qui vous a été imposée, vous avez rompu le contrat en vertu duquel vous existez.

Que répondrions-nous à ce langage ? Les sophismes de M. Woeste et les protestations des cercles catholiques n'empêcheraient pas la Belgique de subir le sort qu'ont éprouvé la Pologne, la République de Venise, le Royaume de Hanovre et tant d'autres États, disparus depuis un siècle de la carte de l'Europe. Il est temps que la nation se pénètre de ces vérités et que le Gouvernement la rappelle au devoir en s'acquittant courageusement du sien.

« Hommes et argent, sang et or, disait un jour Orts à la Chambre, demandez tout ce qui est indispensable pour la défense du pays, *vous l'aurez* (1). » C'était aussi l'avis de Paul Devaux, qui s'exprima ainsi dans une brochure publiée en 1867 :

« Chaque fois que le Gouvernement, se mettant résolûment à la hauteur de sa responsabilité, s'adressera avec fermeté et confiance au patriotisme du pays, pour lui faire connaître ce que réclament ses intérêts les plus sacrés, il aura peu de peine à s'en faire comprendre et à triompher des petites oppositions qui flattent de moins nobles instincts. »

Tout peuple qui a la prétention de vivre doit compter sur lui-même et ne rien attendre des autres, ni du hasard. « Vous n'avez, disait aux Belges un de leurs hommes d'Etat, vous n'avez encore mérité votre sort que par les vertus des temps de paix. Ne comptez pas être à jamais dispensés des autres et préservés pour toujours de ces difficultés dont on ne triomphe que par une énergie opiniâtre et une longue prévoyance. »

(1) Séance du 20 juin 1877.

Il y a des moments dans la vie des nations où il faut avoir le courage de leur faire entendre de dures vérités pour les préserver de la honte et de la ruine.

Trop de prospérité et de bonheur ont rendu la Belgique ingrate et aveugle : ingrate envers la fortune, aveugle sur ses défauts et ses périls.

Depuis 1839 elle a échappé à toutes les guerres, à toutes les grandes commotions politiques et sociales. Un concours de circonstances exceptionnellément favorables lui a permis de s'affermir et de se développer. L'ouragan de 1848 a tout bouleversé autour d'elle; seule, comme le roseau de la fable, elle a plié sans se rompre. L'empire, avec ses traditions et ses aspirations menaçantes, a passé sans l'ébranler, et de grandes guerres ont éclaté autour d'elle sans que l'armée belge ait été entraînée dans la lutte. Il est peu de nations qui, depuis quarante ans, n'aient eu à verser des flots de sang pour défendre l'ordre intérieur ou l'indépendance nationale; seule, ou presque seule, la Belgique a joui d'une paix profonde et d'une sécurité relative, en ne faisant que les dépenses et les sacrifices nécessaires à l'entretien d'une armée sur le pied de paix.

Et c'est au milieu de ce bonheur, sans exemple dans l'histoire, qu'il s'est élevé et qu'il s'élève encore des voix pour réclamer l'abaissement des charges militaires et représenter la nation la plus riche du continent comme écrasée sous le poids de ses impôts?

A ces imprudents, à ces aveugles, il convient de rappeler les paroles éloquentes et patriotiques que prononça M. Frère-Orban à la Chambre des Représentants, le 22 avril 1848 :

« Quoi donc, s'écria-t-il, ces riches provinces qui ont fait depuis tant de siècles l'objet de tant de convoitises, ne pourraient pas, dans un moment suprême, faire un courageux effort pour leur salut? Nous croyons que ces provinces seraient mal conseillées par la paresse et par la peur et qu'on les conduirait honteusement à leur perte en les conviant à supputer seulement ce qu'il en coûte de conserver l'honneur, l'indépendance, la liberté.

» Nous croyons plutôt qu'il faut leur apprendre ce qu'il leur en coûterait pour trois jours de conquête, trois jours de proconsulat, trois jours de désordre et d'anarchie, et bientôt elles comprendraient, si déjà elles ne le savent assez par les souvenirs du passé, que les sacrifices qu'elles s'imposent ne sont rien en regard des biens précieux qu'il s'agit de conserver. »

Aux Belges qui se plaignent de la prétendue exagération de nos dépenses militaires, rappelons ce mot de M. Thiers, au roi Léopold, en 1850 : « Sans de bons moyens de défense, vous serez le jouet de tout le monde (1); » rappelons-leur surtout que ce même homme d'État, songeant aux députés qui avaient refusé « de bons moyens de défense » au Ministre de la Guerre de son pays, fit, après les désastres de 1870, cette triste réflexion : « Il en coûte trop d'être faible ! »

La situation de la Belgique est aujourd'hui moins rassurante qu'elle ne l'était à la veille de Sadowa, quand un député catholique, ancien Ministre des Affaires étrangères, disait : « Les petits États, qui pensaient pouvoir s'endormir sur leur neutralité, sur la foi due aux traités et sur la garantie et le

---

(1) Paroles rapportées par le Roi dans sa lettre du 20 septembre 1850 au Ministre de l'Intérieur.

soutien de l'Angleterre et de l'Europe, *ne doivent plus compter que sur eux-mêmes* (1). »

Un autre député, jurisconsulte distingué, M. Thonissen, montra moins de confiance encore dans la garantie de la neutralité et dans la force du droit : « Depuis le XVII\ siècle, disait-il, la Belgique a subi cinq fois le démembrement, les humiliations et les douleurs qui accablent la France d'aujourd'hui.

» Et dans ce pays toujours menacé, toujours convoité, on viendrait dire qu'il suffit de s'en rapporter au respect du droit, au respect des traités ! Quand même l'Allemagne et la France se mettraient d'accord pour nous envahir, alors même je ne voudrais pas qu'on se soumît humblement. Le Danemark, plus petit que nous, ne s'est pas incliné devant l'Autriche et la Prusse réunies (2). »

Mais la nécessité pour la Belgique d'être forte n'a jamais été mieux démontrée que par le grand patriote, l'éminent homme d'État, Paul Devaux :

« Qu'en France ou en Allemagne, disait-il, l'opinion s'accrédite que la Belgique ne veut pas ou ne peut pas opposer de résistance sérieuse à une tentative d'invasion, dès lors chacun des deux belligérants doit vouloir y être avant l'autre (3). C'en est

(1) *La France et l'Allemagne*, par Deschamps, 1865.

(2) Discours prononcé le 24 avril 1873.

(3) En 1840, ce danger nous a été révélé par une demande de la France et, en 1870, par des demandes de la France et de l'Allemagne. Le général Guillaume, étant Ministre de la Guerre, a donné connaissance de ces dernières à la Chambre des représentants. Celle de 1840 est moins connue et plus significative. En qualité de commissaire du Roi, le général Renard s'exprima à ce sujet comme suit, dans la séance du 27 juillet 1858 : « En 1840, la guerre a failli éclater en Occident. Eh bien, en cette circonstance, une puissance amie de la Belgique, très dévouée à ses intérêts, leur a fait demander si elle pouvait s'opposer à un corps d'armée qui passerait sur notre territoire pour menacer sa frontière. On demandait à la Belgique quelle était la force dont elle pouvait disposer, et on lui disait *que si cette force n'était pas suffisante, on se verrait, quoique à regret, obligé d'entrer immédiatement et de prendre position.* »

fait de notre neutralité ; notre faiblesse attire chez nous deux ennemis à la fois ; la Belgique redevient, comme autrefois, le théâtre de la guerre et sa nationalité est entraînée dans le tourbillon dont une fermeté prévoyante aurait tant de chances de la préserver (1). »

Bien des années auparavant, en 1850, un ami sincère et dévoué de la Belgique, le baron de Stockmar, le confident de Léopold Ier, écrivait ces lignes qu'il est encore utile de rappeler aujourd'hui :

« Si j'étais ministre en Belgique dans un moment de crise européenne, ma politique serait celle-ci :

» 1° Maintenir dans toute la force du terme la neutralité conventionnelle de la Belgique ;

» 2° *M'attribuer vis-à-vis de l'Europe l'interprétation de cette neutralité ;*

» 3° Afin de pouvoir m'acquitter convenablement de *cet acte d'autonomie belge*, mettre sur pied la force armée la plus considérable possible, dans la ferme confiance qu'en de telles circonstances il ne viendrait à l'idée d'aucune puissance européenne d'attaquer la neutralité d'un État qui peut, à son choix, amener cent mille hommes de renfort à l'une ou à l'autre des armées belligérantes. »

C'était aussi l'opinion de Paul Devaux : « Rien au monde, disait-il, ne remplace au dehors l'influence de l'attitude militaire d'un pays (2). » C'est au lendemain du jour où nous avions dû céder à la Hollande — avec certains droits réservés à la confédération germanique — une partie du Limbourg et du Luxembourg, que cette parole échappait au grand

(1) *Quelques réflexions politiques au sujet de la réorganisation de l'armée*, par Paul Devaux, 1867.

patriote, témoin des défiances dont nous étions l'objet au dehors et qui pesèrent si lourdement sur la solution de la question territoriale en 1831 comme en 1839. On ne saurait trop rappeler ces vérités et ces souvenirs. Quand ils seront présents à tous les esprits, le remplacement disparaîtra de nos lois et l'armée recevra le complément de force et d'organisation qui lui est nécessaire, parce que « un jour vient où ce qui longtemps a paru juste et simple se révèle dans son iniquité réelle et devient impossible à conserver, malgré les clameurs des esprits attardés, malgré les instances des intérêts compromis (1). »

« Le danger pour la Belgique, a dit l'auteur du *Siècle des Artevelde*, n'est point la versatilité, la hardiesse de l'esprit. Cherchez-le plutôt dans cette timidité invincible, dans cette sorte de paresse morale qui nous empêche de profiter en temps utile des expériences les plus décisives. Nous croyons trop aisément que l'avenir est toujours à la bonne cause, que la liberté est assez forte pour se défendre elle-même. »

C'est avec les armes et non avec un traité à la main que la liberté et l'indépendance veulent être défendues. Une nation qui comprend ainsi ses devoirs peut être vaincue, mais elle conserve l'espoir et le droit de se relever. Tout est perdu, au contraire, pour celles qui renoncent à la lutte où ne font pas ce que le devoir et l'honneur commandent. Nul, en effet, n'a intérêt à soutenir un État qui, au jour du danger, compte uniquement sur la vaillance et le désintéressement de ses voisins.

C'est ce qu'exprimait l'illustre fondateur de la

(1) Montalembert. — *L'Avenir*.

dynastie belge en disant : « Les nations ne meurent que par le suicide (1). »

Il est heureux pour la Belgique et consolant pour l'armée que cette vérité soit comprise par le successeur de ce grand prince et qu'il ne néglige aucune occasion de la rappeler à la nation.

En 1881, il disait, à Gand : « J'ai la conviction profonde que les nations qui ne profitent pas du calme et de la prospérité pour se garantir contre les tourmentes, pour mettre à l'abri des caprices de la fortune les trésors qu'elles ont acquis, assurer en un mot la défense de la patrie, que *ces nations-là vont à leur perte.* »

Sept ans après, voyant qu'au lieu de profiter du calme pour agir, on s'en prévalait pour ne rien faire, le Roi jugea nécessaire de donner à la nation un nouvel avertissement. Il se rendit à cet effet à Bruges pour présider à l'inauguration du monument élevé par la ville à Breydel et à Pierre De Coninck. Le Roi prononça à cette occasion un admirable discours dans lequel il offrit en exemple à la génération actuelle l'héroïsme et les mâles vertus des Belges au temps où nos fières communes défendaient énergiquement et victorieusement leurs droits et leurs privilèges contre les plus puissants monarques du moyen âge.

Nous ne saurions mieux terminer cette étude sur la situation militaire du pays qu'en citant l'extrait suivant de cet éloquent appel au patriotisme et à la prévoyance :

« Toute liberté naît et périt avec l'indépendance ; c'est la leçon écrite à chaque page de notre histoire.

(1) Lettre du 28 septembre 1850 à Joseph Lebeau.

Les grandes causes sont solidaires. Au jour mémorable
où vos intrépides milices combattaient sous les murs
de Courtrai, nobles, bourgeois, travailleurs se confon-
daient dans les mêmes rangs, joignant leurs bras,
versant leur sang dans un élan sublime, et leurs
prêtres étaient à côté d'eux pour soutenir les vivants
et bénir les morts.

» Élevons nos âmes à la hauteur de ces grands
exemples. Prenons tous ici envers nous-mêmes
l'engagement solennel de ne reculer, comme ces
héros, devant aucun sacrifice pour maintenir en
tout temps les droits de la patrie et lui assurer des
destinées dignes de son glorieux passé. »

MARINE MILITAIRE

La défense de l'Escaut et des polders inondés, en aval d'Anvers, exigerait :

10 TORPILLEURS, ayant 36 mètres de longueur, 5 mètres de largeur, 0^{m}70 à 1 mètre de calaison, une force développée de 1,000 chevaux, une vitesse de 22 nœuds et un équipage de 10 hommes. Ces torpilleurs, pourvus de deux tubes de lancement, coûteraient 130,000 francs chacun.

10 CHALOUPES-CANONNIÈRES, ayant 18^{m}60 de longueur, 3^{m}60 de largeur, 0^{m}75 de calaison, une force développée de 200 chevaux, une vitesse de 13 nœuds, un équipage de 12 hommes et, pour armement, un canon à tir rapide de 57^{mm} sur pivot. Chacune de ces chaloupes-canonnières coûterait 62,000 francs, y compris l'armement.

Pour la protection du commerce et de la pêche, il faudrait :

6 AVISOS, ayant 41 mètres de longueur, 6^{m}80 de largeur, 3^{m}60 de calaison, une force développée de 400 chevaux, une vitesse de 10 1/2 nœuds, un équipage de 68 hommes et un armement de 4 canons à tir rapide de 57^{mm}. Le coût d'un pareil aviso serait de 375,000 francs, y compris l'armement.

2 CROISEURS, ayant 90 mètres de longueur, 10^{m}80 de largeur, 6 mètres de calaison, une force développée de 1,800 chevaux, une vitesse de 12 nœuds, un équipage de 200 hommes et un armement de 8 canons à tir rapide de 57^{mm}. Le coût d'un pareil croiseur serait de 1,200,000 francs, y compris l'armement.

Les stations à occuper par les avisos et les croiseurs seraient les suivantes :

1º Les ports de l'Australie ;

2º Les ports de l'Amérique septentrionale, centrale et méridionale (Brésil, Plata) ;

3º Le Japon (Yokohama, Kobé, Nagasaki) ;

4º La Chine (Shanghaï, Chefoo, Tientsin, Formose et Canton) ;

5º Le Congo ;

6º Les ports de la Méditerranée et de la mer du Nord (principalement pour la protection de la pêche).

D'après les évaluations précédentes, le prix total de notre flottille militaire s'élèverait à 6,570,000 francs, somme qui pourrait être répartie sur trois ou quatre exercices. Le personnel de cette flottille s'élèverait, y compris les officiers, à 1,028 hommes. L'entretien du personnel et du matériel exigerait une somme annuelle d'environ 2,500,000 francs. Dans les trois premières années, elle ne dépasserait pas 1,500,000 francs.

Nous croyons inutile, pour le moment, d'exposer les raisons qui nous portent à proposer pour la protection du commerce et de la pêche, les types de bâtiments décrits plus haut. Il importe, avant tout, qu'on tranche la question de principe. Bien comprise par le Gouvernement et clairement exposée par lui à la Chambre, cette question ne serait certainement pas écartée comme inopportune ni, surtout, comme inutile. La Belgique donnerait d'elle une bien pauvre opinion si seule, au milieu des nations commerçantes, elle affichait la prétention d'ouvrir des relations avec le monde entier, sans avoir jamais à montrer son pavillon, ni à faire acte d'autorité sur aucun point du globe pour soutenir ou protéger ses agents diplomatiques, ses négociants, ses industriels et ses émigrants. Il est des vérités dont on peut ne pas tenir compte, mais qu'il n'est pas permis de contester. L'utilité d'une marine militaire pour les États commerçants est une de ces vérités qui s'imposent et sur lesquelles la discussion est close depuis longtemps ou, pour mieux dire, n'a jamais été sérieusement engagée.

Annexe II

Dépenses que s'imposent les États de l'Europe pour les armées de terre et de mer.

(D'après les données de l'almanach de Gotha de 1888.)

ÉTATS.	POPULATION.	BUDGET des dépenses militaires.	SOMME par tête d'habitant.	RECETTES.	PARTIE des recettes consacrées aux dépenses militaires.
		Fr.	Fr.	Fr.	Pour cent.
Allemagne.	46.856.000	481.169.000 (1)	10,27	1.168.631.000	41 1/10
Autriche-Hongrie	37.883.000	318.945.000 (2)	8,42	2.094.512.000	15 2/10
Belgique	5.910.000	45.624.000	7,72	314.422.000	14 5/10
Danemark.	2.096.000	22.608.000	10,78	74.598.000	30 3/10
Espagne.	17.229.000	202.816.000	11,77	850.597.000	23 8/10
France.	38.219.000	785.636.000 (3)	20,55	2.957.994.000	26 5/10
Grande-Bretagne.	35.241.000	661.710.000	18,77	2.494.319.000	26 5/10
Grèce.	1.980.000	21.737.000	10,78	94.657.000	22 2/10
Italie.	29.944.000	320.359.000 (4)	10,70	1.758.818.000	18 2/10
Pays-Bas	4.391.000	70.683.000	16,09	250.502.000	28 2/10
Portugal	4.307.000	39.630.000	9,20	195.448.000	20 2/10
Roumanie.	5.376.000	29.566.000	5,50	140.753.000	21
Russie	86.153.000	990.856.000	11,50	3.348.115.000	29 5/10
Suède et Norwège	4.717.000	35.786.000	7,58	117.729.000	30 3/10
Suisse	2.846.000	18.183.000	6,39	60.097.000	30 2/10

(1) Non compris 81.888.000 fr. de dépenses extraordinaires.
(2)   Id.   63.150.000   Id.
(3)   Id.   221.705.000   Id.
(4)   Id.   62.566.000   Id.

ÉPILOGUE

<blockquote>
Le patriotisme s'endort souvent sur le duvet des prospérités industrielles et commerciales. Une longue paix, nourrie du bien-être matériel, peut distraire un peuple du souci de l'honneur national et le retenir dans cette apathie morale, où le cœur se rouille avec l'épée.

MIGNET.
</blockquote>

IMPATIENCE, IMPRUDENCE, NAÏVETÉ

Voilà donc, après quinze jours de débats passionnés, le verdict des sages sur le programme de politique nationale qui vient d'attirer l'attention publique. Voilà l'impression que laisse, dans des camps opposés, un écrit dicté par le souci exclusif de la dignité, de la sûreté, de la prospérité du pays. Heureusement cet arrêt n'a pas été unanime. La presse libérale presque entière a vibré à l'unisson sous l'appel qui lui était fait. Le *Précurseur*, l'*Opinion*, le *Journal de Gand*, la *Meuse*, la *Gazette*, l'*Étoile*, la *Nation*, combien d'autres journaux encore, ont donné la note virile du patriotisme, sans se demander si des électeurs égoïstes feraient expier quelque jour au parti que ces organes représentent l'accomplissement d'une obligation sacrée.

Les principaux journaux du cléricalisme militant ont pris une autre attitude. Étouffer la voix importune du devoir sous un concert d'imprécations et de sophismes, telle a été leur unique préoccupation ; ici, l'intérêt de caste ou de parti domine tout. Le *Patriote* marche glorieusement à la tête de cette héroïque phalange. Pour les belles âmes qui étalent chaque jour dans ses colonnes la noblesse de leurs instincts, la caserne est un mauvais lieu, le service militaire un objet d'horreur, la perspective de combattre pour la patrie la dernière des calamités.

Est-ce pour cela que M. Woeste a choisi entre tous ce journal pour sa réponse ? Il se plaint qu'on ne lui oppose rien de neuf. Quel raffinement ! Comme si le témoignage de tous les faits contemporains n'avait pas de sens ! Comme si l'histoire avec ses enseignements impérieux avait besoin d'être refaite ! Comme si le devoir et la justice ne s'imposent pas ici à tous les esprits ! Mais M. Woeste a le droit d'être difficile : il a trouvé, lui, du neuf. Que répondre à l'argument triomphant qu'il réserve pour sa conclusion ? Si deux armées recrutées par le service personnel en viennent aux prises, il en est toujours une qui succombera : donc le service personnel est inefficace. Hélas ! où en sommes-nous si avec de pareilles balivernes on conduit une majorité, on régente un pays ? (1)

______

(1) M. Woeste se serait-il souvenu de la fameuse conversation chez la comtesse d'Albany ? « La moitié des gens qui se battent sont vainqueurs et grands guerriers. De deux généraux opposés l'un battra l'autre et sera grand ; c'est l'affaire d'une heure. Combien peu, de tant de gens qui s'appliquent aux arts,

N'importe, ce programme tant discuté n'en reste pas moins une œuvre de *naïveté*. Vouloir que l'intérêt national parle plus haut que l'intérêt de parti, convier les meilleurs d'entre les deux groupes du Parlement à se donner la main sur ce terrain, ne fût-ce que quelques mois, pour résoudre des questions d'une suprême importance, proposer, s'ils ne le peuvent ou ne le veulent, un appel à la nation dont l'honneur et l'existence sont en cause : quel comble de naïve audace ! Vraiment. Cela ne s'est donc jamais vu ; jamais peuple n'a entendu pareil appel, n'a compris pareil langage. L'article 71 de la Constitution n'a donc pas de sens, la Couronne n'est rien, ne peut rien que par et pour les partis. Ce qui s'est fait cent fois dans tous les pays constitutionnels de l'Europe, en Angleterre comme en France, en Italie comme en Prusse, avec des succès constatés, serait une folie en Belgique, peu s'en faut qu'on n'ajoute, un attentat à la souveraineté populaire. Est-il possible de renverser à ce point toutes les notions et de dérouter plus complètement les esprits ?

Mais, dit-on, les mêmes hommes reviendraient ! Qu'en savez-vous ? Quand un souverain interroge directement la nation sur une question d'être ou de ne pas être, ce n'est plus d'une mêlée ordinaire de parti qu'il s'agit : bien des situations changent d'aspect, bien des indifférences se dissipent et la conscience publique se réveille sous la gravité des responsabilités qu'elle assume. Ce serait une crise, soit ; mais une de ces crises qui purifient l'atmosphère et après lesquelles les poitrines respirent un air plus pur, plus fortifiant.

parviennent en toute leur vie à la médiocrité ! L'étude donne les talents, le hasard les commandements ; mais vingt ans d'étude ne font pas toujours un bon peintre, chaque jour de bataille fait un grand général ! » — Loin de nous la pensée de vouloir amoindrir la trouvaille de M. Woeste : mais voyez comme il est difficile d'être neuf.

Mais non : illusion, chimères, naïvetés que tout cela ! Inaccessible à toute noble ambition, aveugle à toute lumière, impénétrable à toute angoisse patriotique, le pays consulté s'obstinera à fermer les yeux, à étouffer tout sentiment généreux. Il répondra donc que le régime actuel est l'idéal de ses aspirations, que loin de les élever, il voudrait plutôt les abaisser. Il dira que la Belgique, seule entre tous les États contigus à l'Océan, se mettant au-dessous de la Grèce et de la Bulgarie, n'a que faire d'arborer son drapeau sur les mers, qu'aucune force effective n'est nécessaire pour appuyer au dehors ses représentants ni ses nationaux, qu'elle n'entend même pas que quelques canonnières et torpilleurs gardent, en cas de siège, la rade d'Anvers et les zones d'inondations, dût-on exposer ainsi la place à être coupée de la mer et sa défense compromise.

Le pays dira encore que s'il daigne permettre que des capitaux privés, que des citoyens individuels s'engagent dans l'entreprise du Congo, ce doit être exclusivement à leurs risques et périls, que le drapeau national ne doit pas être compromis pour des efforts qui lui sont indifférents, que le lien personnel qui les protège aujourd'hui suffira toujours à toutes les éventualités et que, s'il venait à se rompre pour faire place à une domination étrangère — les candidats ne manqueraient pas, — ce serait tant pis pour les millions belges enfouis dans la terre d'Afrique, tant pis pour les vaillants qui dorment dans les cimetières échelonnés de Boma à Léopoldville, et qui n'avaient qu'à ne pas courir pareille aventure. Il invoquera l'exemple de l'union personnelle des Pays-Bas et du Luxembourg, au moment où ce lien va se dissoudre ; il affirmera que les Anglais ne tirent nul avantage de la possession de l'Inde, pas plus que les Hollandais de celle de Java, qu'ils seraient fort aises les uns et les autres de se débarrasser de ces lourds fardeaux : ce que les premiers démontrent apparemment en s'installant de force dans la Birmanie, et les seconds en soutenant depuis seize ans une lutte opiniâtre à Atjeh (1).

Enfin le pays, d'accord avec toute la presse ultra-montaine, proclamera à la face de l'Europe qu'il ne se

(1) Comprend-on qu'un esprit de la portée de M. R., de la *Flandre libérale*, persiste à soutenir des opinions qui ne trouveraient plus un défenseur sérieux en Angleterre, en France, en Italie, en Hollande, en Portugal et qu'en Allemagne une douzaine d'adversaires systématiques du prince de Bismarck restent seuls à lui opposer? Il y a quelques jours à peine, un des consuls les plus capables de l'Angleterre, M. Johnston, qui, après avoir rempli une mission importante à la côte de Guinée, vient d'être chargé des intérêts britanniques dans le bassin du Zambèze, s'exprimait ainsi dans une conférence donnée à l'Institut colonial d'Angleterre, sous la présidence de lord Brassey :

« Un point sur lequel je tiens extrêmement à attirer l'attention, c'est que si nous nous refusons à développer, à explorer les régions de l'Afrique tropicale qui se trouvent dans notre zone légitime d'influence, d'autres nations de l'Europe s'empresseront de nous y supplanter, au très grand préjudice de notre commerce. Si le libre échange était un principe admis par toutes les nations, il importerait peu à nos négociants de rencontrer sur les marchés qu'ils exploitent telle souveraineté plutôt que telle autre; mais comme le premier soin des autres nations, dès qu'elles s'installent dans un nouveau territoire, est d'en écarter la concurrence britannique par tous les moyens, bons ou mauvais, il est aujourd'hui d'une suprême importance de voir en quelles mains passe chaque district encore inoccupé de l'Afrique. Qu'est-ce que le commerce britannique est devenu dans le vaste empire français de la Sénégambie ? Au Gabon et dans le Congo français, ne sommes-nous pas réduits à rien, grâce à toutes les restrictions imaginables ? Peut-on prétendre que notre trafic dans les possessions portugaises de la côte occidentale et orientale d'Afrique a pris le même développement qu'il aurait acquis si ces régions étaient placées sous un régime analogue au nôtre, favorisant les entreprises de tous sans distinction de nationalité ? »

M. Johnston concluait en ces termes: « Si nous n'avions pas cessé de déployer l'énergie et la décision qui caractérisaient jadis le gouvernement et le peuple de l'Angleterre, si nous pratiquions dans ces contrées une politique rationnelle et persévérante, sans nous laisser égarer par les clameurs sentimentales de faux philanthropes, mais sans méconnaître aussi les justes droits des indigènes et notre responsabilité envers eux comme leurs éducateurs et leurs guides, nous ferions de l'Afrique occidentale une autre Inde, également glorieuse pour notre renommée, également profitable pour notre commerce. »

Dans la vaste assemblée qui écoutait ce langage, il se trouvait nombre de notabilités de la science, de l'administration, du négoce : pas une voix dissidente ne s'éleva.

soucie guère d'être défendu par tous ses enfants, que les Belges ne sont pas faits comme les Allemands ou les Français, les Italiens ou les Autrichiens, les Roumains ou les Suisses, que le devoir civique vaut 1,600 francs, ni plus ni moins, qu'il importe peu d'affronter, au besoin, une armée nationale avec des troupes recrutées exclusivement dans les classes inférieures de la population, que quelques milliers de volontaires suffiraient même à cette tâche ingrate, après tout inutile, et que si le cœur ou la chance leur manque, la Belgique aura toujours la ressource de qualifier de gredins, de larrons, de parjures — le *Patriote* donnera la formule — les violateurs de sa neutralité.

Et après cette consultation, ce sera comme auparavant. Les Chambres discuteront dans leur toute-puissance stérile. Le pouvoir exécutif, tenu de près en bride, ira s'énervant davantage. Le pouvoir judiciaire, déjà menacé, se verra envahi à son tour. L'esprit de parti grandira à mesure que baissera l'esprit national. Les libéraux auront plus de programmes et moins d'unité que jamais, tandis que leurs éléments les plus ardents glisseront plus profondément dans le radicalisme, le républicanisme, le socialisme. Le parti ultramontain continuera de s'accroître au profit de la hiérarchie catholique, seule puissance organisée qui subsiste parmi toutes ces ruines ; l'autonomie provinciale et communale s'étendra au détriment de l'État, amputé, paralysé dans ses organes essentiels ; la défense nationale, à l'intérieur comme à l'extérieur, périclitera à vue d'œil, à la grande joie des meneurs pour qui l'État est l'ennemi et que n'arrête plus même l'expédient révolutionnaire du mandat impératif opposé à une mesure de salut public, aux applaudissements d'une presse qui ne respecte rien, sauf la papauté et ses mandataires (1).

Ce sera la justification des railleurs sceptiques qui n'auront pas été des naïfs; ce sera aussi l'incurable douleur des impatients et des imprudents.

Impatients! En effet, c'est un tort grave. Il n'y a que quelques siècles que la décadence maritime de la Belgique s'est prononcée; il n'y a, après l'heureux et court épisode du libre échange, que dix-huit ans que la réaction économique s'accentue au péril vital des grandes industries belges. Il n'y a que vingt-deux ans que l'Europe vit dans une crise militaire intense, que toutes les armées se transforment, qu'elles accroissent à outrance leurs moyens d'attaque ou de défense, en prévision de la lutte suprême que chacun pressent pour

(1) Voici ce qu'un journal clérical de la Flandre occidentale osait écrire ces jours-ci :

« La presse libérale doctrinaire fait grand bruit d'une brochure intitulée : *La Belgique actuelle au point de vue commercial et militaire. Programme de politique nationale* (sic).

» Nous attendrons que de plus autorisés que nous réfutent cette brochure, attribuée à une plume haut placée, et ils n'y manqueront pas.

» Nous nous bornerons à dire, si l'auteur est bien celui qu'on désigne, il y aurait peut-être lieu de demander avis aux ministres bavarois du temps de Louis II.

» Et nous ajouterons que ce qui a été constitué sous le nom de Belgique n'est qu'une expression géographique appliquée à une lisière de territoires internationaux, neutralisés sans l'avis des occupants, appartenant à des nationalités voisines et diverses.

» Que le plus grand bonheur des habitants de ces territoires serait de rentrer chacun dans le sein de leurs patries voisines et d'y jouir des avantages d'une grande nation, dussent-ils y subir le service personnel. Il y aurait largement compensation, tout à gagner et rien à perdre.

» Il se peut que ceux qui se sont taillés de grosses places bien rentées en un budget annuel, ronflant dans le fromage officiel, ne soient pas du même avis et se fassent des illusions sur le degré de viabilité qui reste à un navire malade, que son équipage, à l'exception de son état-major, semble avoir hâte d'abandonner et fort peu se soucier de défendre personnellement contre les flots, certains qu'ils sont de trouver une côte hospitalière. »

Voilà l'abîme d'ignominie où conduit une polémique antinationale.

la fin du siècle et dont Wœrth et Forbach, les journées
de Metz et Sedan, n'ont été que le premier acte. Peut-
être avons-nous bien encore trois ou quatre années de
paix en perspective. Pourquoi donc tant d'impatience ?
Ne sait-on pas que l'Europe est toujours disposée à
attendre la Belgique et que les convenances des partis
belges ont le pas sur les combinaisons de la politique
générale. Laissez-nous sommeiller : arrière les Lavigerie
de caserne qui troublent notre repos. A demain les
affaires sérieuses.

Imprudents ! Vous mettez en scène la Couronne, dont
les conseils ne furent jamais mieux écoutés. Vous
révélez nos faiblesses à l'étranger, qui les ignore, qui
croit à notre force et à notre patriotisme. Vous alarmez
les Chambres, qui eussent infailliblement accueilli votre
programme dans dix, vingt, trente ans : qu'importe un
peu plus tôt ou plus tard ? Faut-il s'exposer à ébranler
une majorité qui a déjà tant fait pour le pays et dont
l'étroite union est son suprême espoir ? Ne craignez-vous
même pas de rendre la situation de la minorité plus
difficile et de contrarier ses chances électorales ? Donc
patience et prudence, c'est-à-dire silence et inaction.
C'est la règle de conduite qui sauve au moins les partis
si elle ne sauve pas les pays.

Il est dit dans l'Écriture : « L'homme qui agit trompe
les espérances de celui qui diffère. » La Belgique
ajourne, mais toutes les puissances agissent. Sur deux
de nos frontières se pressent des légions innom-
brables, s'accumulent les plus formidables moyens
d'attaque. Mille propos circulent dans l'air, bien des
combinaisons s'agitent autour de nous. La Belgique
actuelle ressemble par trop de côtés à la Pologne de la
fin du siècle dernier. Jamais les esprits n'y furent plus
profondément divisés, les antagonismes plus vivaces,

les partis, les groupes, les sectes plus irréconciliables :
il ne reste d'autre terrain commun que la PATRIE, et
l'on accueille par des ricanements ou des cris de colère
la voix qui convie la nation débandée à se rallier sur
ce terrain sacré. Une poignée d'hommes a faussé le
sentiment public et fait d'un peuple vaillant un corps
inerte. Il ne faut pas, disent-ils, que la Belgique ait des
mœurs militaires ; il faut épargner aux bras de nos
fils la fatigue des armes, aux mères la terreur de voir
leurs enfants marcher sous le drapeau national (1).
Pendant ce temps, les énergumènes du mouvement
flamand sont en ébullition et creusent, impatiemment
et imprudemment ceux-ci, un fossé entre la Belgique
germanique et la Belgique wallonne (2).

Que l'on médite au moins, tant qu'il nous reste une
heure, cette parole écrite en tête de la brochure qui
a soulevé tant d'orages : *Præstat pugnare pro patria
quam simulata pace decipi, Il vaut mieux combattre
pour la patrie que d'être la dupe d'une paix dérisoire.*

C'est en 1579. Maestricht va être mis à feu et à
sang après un siège de quatre mois et sa population massacrée à quatre cents personnes près. Gand,
Bruxelles, Anvers sont menacées. La Pacification de
Gand, au bout de trois ans d'efforts et de luttes, avorte
à l'inintelligence, aux discordes des populations belges.
Alors les États-Généraux de Bruxelles, où siégeaient
des hommes naïfs et imprudents, tentent une dernière
fois de renouer le faisceau national : ils envoient des
députés aux provinces wallonnes catholiques pour les

______

(1) « *Avant d'être patriotes, nous sommes pères.* » (*Bien public.*) Tristes
pères qui élèvent leurs enfants pour la servitude.

(2) Il ne s'agit pas ici des réformes légitimes que chacun admet, mais des
prétentions extravagantes qui se produisent et surtout de la polémique grossière
et haineuse qui les accompagne.

dissuader d'accepter la paix trompeuse que leur offrent les égorgeurs de Maestricht, les pillards d'Anvers ; ils les supplient de tenir ferme, d'être un corps et une âme pour la patrie et la liberté. Mais à Mons, à Arras, ces députés, comme ceux de la ville de Bruxelles, furent éconduits ; la scission irrémédiable s'accomplit.

C'est alors que dans leur angoisse les États-Généraux font frapper une monnaie qui est une page d'histoire. Sur l'avers, deux cavaliers, deux fantassins, espagnols et belges, sont aux prises : *Præstat pugnare pro patria*, porte la légende ; au revers, deux cadavres décapités, d'Egmont et de Hornes, gisent sur le sol, et leurs têtes saignantes pendent aux crocs du gibet : *quam simulata pace decipi*. L'avertissement ne servit de rien. Les Wallons catholiques crurent en Philippe II ; les Flamands libéraux — c'étaient les rôles d'alors — restèrent désarmés. Six années après, Anvers succombe après une résistance désespérée, et la victoire de Farnèse est l'arrêt de sa mort et de celle du pays. Les hommes patients et prudents avaient pris le dessus, pendant que les sept provinces du Nord, coalisées dans l'Union d'Utrecht, brisaient seules la puissance de l'Espagne, effort qu'on avait cru naïf d'espérer de l'action combinée des XVII provinces des Pays-Bas.

Soixante ans plus tard, on signait la paix de Munster sans qu'une fibre remuât dans la Belgique, qui en faisait les frais. L'Escaut était fermé, le territoire démembré, les villes et les campagnes dépeuplées et ruinées. Les Provinces-Unies, Richelieu, Mazarin, Louis XIV, déchiquètent successivement les frontières de cette terre vacante. Quand la curée prend fin, il restait, au lieu de Belgique, une *barrière* où des garnisons étrangères montaient la garde. Après la bataille de Fontenoy, si Louis XV l'eût voulu, le nom belge disparaissait de l'histoire : il ne représentait plus que l'humiliation, l'appauvrissement et la défaite. Quand Charles VI fonda la Compagnie d'Ostende, on laissa à des étrangers naïfs le soin d'y mettre leurs capitaux. Quand Joseph II voulut ouvrir de force l'Escaut, on s'abstint prudemment et patiemment de bouger. Lorsque ce souverain, voyant ce corps inerte, tenta de lui insuffler un esprit nouveau, on fit la révolution de 1790. La République des *États-Unis Belgiques* éblouit l'Europe de sa gloire, et Van der Noot eut son entrée triomphale. Chaque province avait repris son autonomie, et Van der Mersch commanda, pour défendre le pays contre l'Autriche, une armée de quatre à cinq mille volontaires : pas un soldat malgré lui.

Ce fut un beau moment dans notre histoire. L'année prochaine, on pourrait en fêter le centenaire, qui vaudrait bien celui de la Révolution française. La Belgique indépendante, qui n'a pas encore eu le temps d'élever une statue à Paul Devaux, à J.-B. Nothomb, à Rogier, à Frédéric de Mérode, à Van Praet, pourrait réparer cet oubli en consacrant par un monument national la grande mémoire de Van der Noot. Ce jour-là, le *Patriote* publierait un numéro jubilaire et M. Woeste prononcerait son plus éloquent discours. Patience, prudence et surtout pas de naïveté !

BRUXELLES. — TYPOGRAPHIE ET LITHOGRAPHIE E. GUYOT

Rue Pachéco, 12

www.ingramcontent.com/pod-product-compliance
Ingram Content Group UK Ltd.
Pitfield, Milton Keynes, MK11 3LW, UK
UKHW020005100726
13658UKWH00002B/816